随园班主任小丛书　总主编　齐学红

初任也智慧

初任班主任的11个第一次

主　编
吴申全　余莎莎
编　者（按姓氏笔画排列）
仝　磊　吕　燕　朱国红　吴申全　余莎莎　张　珺
陈　卉　陈林林　金　书　胡　源　程晋燕

CHUREN YE ZHIHUI

复旦大学出版社

总序：看见学生，看见自己

策划"随园班主任小丛书"的想法有两个原因：

一是从班主任工作实际出发，为广大一线班主任量身打造一套短小精悍、易于操作、方便携带的实用指导书，是自己从事班主任研究近20年形成的研究自觉和教育初心。一线班主任老师长期处于实施教学与管理、协调校内外各种教育关系、落实学校各项工作的关键岗位，往往无暇、无力对自己的班主任工作进行审视和反思，从事班主任研究更是奢望；他们面对大部头的教育理论书籍，更是望而却步，敬而远之；他们渐渐地在大量事务性工作中迷失了自我，进而产生了职业倦怠现象。因此，为一线班主任老师提供好的指导用书，成为自己多年的心愿。

二是源于自己的读书经历。早在1984年，我自己初为人师，在中学教语文的同时担任班主任工作。虽然是师范院校毕业，但那时既不会教书也不会做班主任。在图书资源贫乏的80年代，除了基本的教学参考书之外，读到的唯一一本教育经典著作是苏霍姆林斯基的《给教师的一百条建议》，正是这本书开启了我对教育研究的热爱。除此之外，当时还有一套人文社会科学的启蒙之作叫"五角丛书"：五毛钱一本，书的开本不大，可以装在口袋里；内容涵盖了许多人文社会科学的经典著作，对我而言是人文精神的启蒙，至今仍难以忘怀。自己从教30多年，仍能保持热爱教育、热爱学生的初心,是与人文思想的启蒙分不开的。在我看来,对于生活在这个日渐浮躁时代的年轻教师而言,教育教学方法、班级管理经验的习得与积累固然重要,更重要的是需要人文精神的启蒙。只有明白了何为教育,为何而教,何为社会,何为人生以及一个人如何追求生活的意义和价值,才能履行教育事业应有的人类文明、文化传承的使命。而这样的人文社会科学思想的启蒙,要比具体的教育教学方法更重要。从阅读"五角丛书"到编写"随园班主任小丛书",承载了一位从中学教师成长为大学教师的教育学者的教育梦。

因此,这套小丛书的编写并不局限于班级教育与管理的方法策略层面,而更多的是从班主任的生命历程出发,呈现这些方法策略是何以诞生的,它们与作为具体生命存在的班主任的生活史、成长史密不可分。从小丛书的几本书名来看——《初任也智慧——初任班主任的11个第一次》《让我看见你——学生问题教育诊疗》《"慧"沟通——家校沟通有讲究》《1加1大于2——家班共育有创意》《真体验,真发展——班级特色活动设计》——都是从优秀班主任成长历程中的关键事件出发,发掘自身生命成长的重要元素,进而为年轻班主任老师提供可资借鉴的实践智慧。

例如,《初任也智慧——初任班主任的11个第一次》一书,选取初任班主任的11个第一次:第一次见面会,第一次排座位,第一次订班规、选班委、开班会、组织活动、处理突发事件,第一次开家长会、家访,第一次写评语等关键事件;写作体例主要包括几大板块:"成长案例""老师说""学生说""家长说""专家说""带班小窍门""我的思考"。通过案例分析,多角度、全方位地看待初任班主任成长中一个个看似平常的小事件可能蕴含的大智慧,以及对于班主任个人成长的意义和价值所在。

《让我看见你——学生问题教育诊疗》一书,旨在帮助更多的老师增强因材施教的意识与能力,掌握更多的了解学生、"看见"学生、解读学生的方法,通过收集学生多方面的信息,为日益复杂多变的学生问题把脉。其中传递出的发现学生、与学生一起成长的意识,以及研究学生、读懂学生的方法策略是难能可贵的。

  参与这套小丛书编写的作者,是南京师范大学班主任研究中心"随园夜话"的核心成员以及长期的合作伙伴。他们有着丰富的班主任工作实践经验,其中大多数是名班主任工作室的主持人或成员,他们对班主任工作抱有的教育热情、专业精神与研究态度,可以为广大一线班主任提供很好的示范作用;其中呈现的方法策略和实践智慧,具有很强的指导作用。希望广大读者在这套丛书中看见学生、看见自己,共促师生生命成长!

南京师范大学班主任研究中心教授、博导

齐学红

写于南京朗诗国际

2022 年 10 月 3 日

目 录

给班主任的话 / 001

第一次当班主任的准备 / 001
 成长案例 与"班主任"撞了个满怀 ·············· 002
 老师说 凡事预则立，不预则废 ·············· 006
 专家说 科学掌握当班主任的方法 ·············· 008
 带班小窍门 初任班主任的三个"准备" ·············· 009
 我的思考 不立消防员人设 ·············· 010

第一次见面会 / 011
 成长案例 我可以进来吗？ ·············· 012
 老师说 要不要把第一次遇到的问题扩大化？ ·············· 014
 学生说 我们需要刚柔并济的老师 ·············· 016
 专家说 师德：宝贵的教育资源 ·············· 017
 带班小窍门 师生第一次见面的破冰游戏 ·············· 019
 我的思考 携着"爱"，走进班级，走近学生 ·············· 020

第一次排座位 / 022
 成长案例 班级座位公约 ·············· 023
 老师说 专制与民主 ·············· 026

学生说　老班给我们选座自由，行不行？ ……………………………… 029
专家说　座位编排是一种教育理念的体现 …………………………… 030
带班小窍门　第一次排座位如何做到"快静齐"？ ………………… 032
我的思考　理解＋尊重＝和谐 ………………………………………… 035

第一次制定班规 / 036

成长案例　群策群力，共商规范 ……………………………………… 037
老师说　62条班规是否信息过载？ …………………………………… 039
学生说　我与班规的故事 ……………………………………………… 042
专家说　班规的原则 …………………………………………………… 043
带班小窍门　班规的制定：明确、严格、民主、灵活、个性 …… 045
我的思考　"不准"，大可不必！ ……………………………………… 046

第一次选班委 / 048

成长案例　成团出道 …………………………………………………… 049
老师说　班委是否要选出得力助手？ ………………………………… 052
学生说　我其实很想当班委！ ………………………………………… 055
专家说　祸兮福兮？ …………………………………………………… 056
带班小窍门　班委竞选活动 …………………………………………… 057
我的思考　发展学生的潜力，才是选拔班委的真谛 ………………… 059

第一次组织班会 / 060

成长案例　有话好好说 ………………………………………………… 061
老师说　如何组织"有意义"又"有意思"的班会？ ……………… 067
学生说　老师是怎么知道我在想什么的？ …………………………… 070
专家说　有效班会课的特点 …………………………………………… 071
带班小窍门　议会：议事型班会 ……………………………………… 071
我的思考　学生是主角 ………………………………………………… 072

目 录

第一次组织班级活动 / 074
- **成长案例** 我现在最大的心愿 ······ 075
- **老师说** 班级活动"为何"和"何为" ······ 079
- **学生说** 说起玩儿,那我可就不累了 ······ 080
- **专家说** 班级活动就是培养凝聚力 ······ 081
- **带班小窍门** 凝聚力小游戏 ······ 082
- **我的思考** 零距离=凝聚力 ······ 083

第一次处理班级突发事件 / 084
- **成长案例** 用爱和智慧化解"冲突" ······ 085
- **老师说** 突发情况应对手册 ······ 089
- **学生说** 老班,我们也可以搭把手 ······ 091
- **专家说** 面对"第一次",需要激活更多的储备 ······ 093
- **带班小窍门** 不治已病治未病,不治已乱治未乱 ······ 095
- **我的思考** 通情达理 ······ 099

第一次开家长会 / 101
- **成长案例** 用心搭起家校合育的幸福桥梁 ······ 102
- **老师说** 别人的成功可以复制吗? ······ 107
- **家长说** 年轻的老班,我们更能谈得来 ······ 109
- **专家说** 打下家校共育的基础 ······ 111
- **带班小窍门** 家长会流程一览 ······ 112
- **我的思考** 让家长感受到老师对孩子的用心 ······ 114

第一次家访 / 116
- **成长案例** 用心沟通叩开心"门" ······ 117
- **老师说** 统一战线,协同育人 ······ 121
- **家长说** 新型家访有趣又有效 ······ 124
- **专家说** 成功的家访需要爱与智慧 ······ 126

带班小窍门　关于家访的二三事 ……………………………… 128
我的思考　吃了"闭门羹",咋办? ……………………………… 131

第一次写评语 / 132
成长案例　"说"好落在笔尖的心里话 ……………………………… 133
老师说　评语是写给学生的"情书" ……………………………… 136
学生说　我们期待老师的评语 ……………………………… 138
专家说　笔下的字,心上的桥 ……………………………… 139
带班小窍门　五招让评语"新起来" ……………………………… 142
我的思考　走近学生,写出特色 ……………………………… 143

后记 ……………………………………………………………… 145

给班主任的话

很开心你能翻开这本书。为什么会翻开这本书,我想,你一定是因为很忐忑吧!也许你不是初任班主任,也许你是想看看别的班主任是怎么做的,那么,在正式开始读这本书之前,让我们一起了解一下这本书将会给你带来什么吧。

班主任作为影响学生品格和心理发展的"重要他人",是学校德育队伍的核心力量。其中,初任班主任要落实立德树人的职责,尽快适应教育角色,客观上也需要科学、高效且有针对性的指导,为班主任的专业发展助力。

我们故事的主人公——蔡老师,也是一位"菜鸟"班主任,他刚刚从师范院校毕业。刚刚认识他的时候,他满脸写着不高兴,一问,原来是要当班主任了。用他自己的话说,那就是:"我还不知道怎么做一个老师,就要做一个班主任了!"一时之间,迷茫、恐惧、担忧、焦虑全都爬上了他的心房。该怎么办呢?在师范院校里经历了四年的学习,学习了很多教师专业发展的相关知识,但是班主任怎么做,谁也没有和他说过。他不知道新生报到要怎么做,也不知道怎么选班委、定班规、排座位。领导布置要进行班级环境评比,可是怎么做呢?更"可怕"的是,他还要面对孩子的家长,怎么开家长会?怎么进行家访?学期结束了,又要写评语,如何让这些评语能够如实地反映学生的状态,精准地提出对学生的期待?

一团糨糊!

本书是班主任工作日志。如果你也是这样的"菜鸟"班主任，那么恭喜你，你找到了一本通关手册。在这本书里，你将和蔡老师一起在各种栏目里，闯过层层关卡，通过步步考验，完成一个个"第一次"挑战，最终做一个幸福的班主任。

本书是百家争鸣的交流论坛。新手上路，不仅有你，更有很多"老司机"为你的道路导航、指点迷津。当然，我们也有一些"新手群"进行交流，大家可以在交流中进步。最重要的是，我们请来了教育的主体——学生，让学生们说出自己在参与班级生活时的感受，可以让你更清晰地了解学生们的想法，做出最适切的行动。遇到家访、家委会，我们也邀请家长来谈他们的感受。如果你想"兼听则明"，请走近"老师说""学生说""家长说"等栏目。

本书是一本班主任工具书。初任班主任们很辛苦，每天有忙不完的事情，如果领到一个全新的"第一次"任务，班主任们又会焦虑不已。为此，我们特意编写了"带班小窍门"这个栏目，提供一些可以拿来就用的技巧和方法。

本书是一本班主任专业发展的专业教材。班主任工作有其专业性，它不是东一榔头西一棒，而是由浅入深的专业化过程。在这一过程中，少不了科学的理论作为支撑。因此在本书中，你还可以看到在处理一次次的"第一次"挑战中，班主任的行为选择及其背后的原因。正所谓"知其然，并知其所以然"，你可以在"专家说"栏目觉察班主任工作背后所蕴含的道理，处处闪烁着育人的智慧。

本书也是一本思考笔记。班主任工作常常流露出智慧的思维，初任班主任们更是会拥有无穷的创造力。如果在读完了本书的内容后，你能吸收并结合你自己的工作特点，有所创新，那么请及时地在"我的思考"栏目，留下你思维的火花，这是一件多么美妙的事情。班主任的个人成长离不开专业写作，如果利用这个栏目，你可以将你的灵感记录下来，也会为你的成长突破助力。有人说，经验＋反思＝成长，有了经验，再让我们一起积极反思，让你的思考痕迹留下来。

  其实蔡老师就是日常生活中平凡朴实的老班们。在编写过程中，我们邀请了许多一线班主任撰写"第一次"案例，再按照班主任工作中遇到的各种第一次的时间顺序组合，故事有起有落，对案例的评价有褒有贬。如果能给你带来一些启发，那将是我们最幸福的事了。衷心愿你，虽是初任，但很智慧。

编者

2023年4月

我们的主人公——蔡老师，真的就是一个菜鸟班主任。他刚刚从师范大学毕业，就被安排了当班主任。这条路上，他跌跌撞撞，走了不少弯路，也有不少成功的故事。现在，让我们一起来看看，新手蔡老师是如何向有经验的老班学习的，是如何过五关斩六将，一路披荆斩棘，面对各种"班主任的第一次"的。

第一次当班主任的准备

> 临近开学,学校提前一周把老师们召回学校安排新学期的工作。散会后,一个今年刚毕业进校的蔡老师看起来垂头丧气,脸上的焦躁都快化成火苗燎着空气。这还没开学,神兽还没归笼呢,怎么颓废成了这样了?同事们顶着"热浪"走到他身边一问,才知道:"这学期,我要当班主任了!"

这种焦虑,每一位老师都曾体会过吧?除每位教师都有的一份教学任务外,班主任还要分班、安排学生报到、熟悉学生、与家长沟通交流、打扫布置教室、制定班规、帮学生收心、排座、选班干部、管理学生常规、操心学生安全等等,如果是低年级,还要担负起学生的吃喝拉撒……

班主任是教师兼妈妈、兼保姆、兼保安……24小时提心吊胆,课要上好,班级也要带好,对于一个年轻的初任教师来说,能不焦虑吗?初任班主任刚"上路",让我们一起来看看"成长案例"吧!

初任也智慧——初任班主任的11个第一次

 成长案例

与"班主任"撞了个满怀[①]

8月,是小狗躺在大门口"哼哧哼哧"地吐着舌头的时候。8月,是我的心"砰砰砰"跳个不停的时候。刚毕业的我,明天即将成为新手班主任,面对三年级的娃娃们,着实有些激动。学校一次次提醒要做好迎接学生报到的准备,我该做些什么?

第一招:打破砂锅问到底——向有经验班主任请教。

我向办公室老师请教,明天学生报到,今明两天需要做什么?他们纷纷回答:今天要做好班级卫生打扫,教室布置。明天要做好开学收费工作、收假期作业等。

老师们说的大多是条目式的,每人都在为学生报到做准备。可听了之后,我还是无从下手。

第二招:依葫芦画瓢——先学后做。

新接手的班级,一定需要关注每一个细节,给学生、家长留下很好的印象。于是,我就找了个隔壁班的班主任进行学习。邢老师是一位经验丰富的老班主任,她和蔼可亲,说话轻声细语。上午我给她帮忙,向她学习如何做好报到前的准备工作。

一是打扫卫生:

先扫地面、走廊,再用拖把拖两遍。

擦洗课桌椅并对齐。

[①] 由南京市溧水区状元坊小学吕燕老师撰写。

讲台、墙裙、窗户擦干净。

二是装扮教室：

放上两三盆盆栽进行装饰。

布置前后黑板报，前面黑板写上"欢迎新同学"；根据"新学期新气象"装饰后面的黑板报。

帮助邢老师完成班级布置后，我认真打扫了自己的班级，很快一个整洁舒适的班级展现在眼前。黑板上写好主题后仍显得很空，报到当天，可通过黑板传达什么信息呢？

第三招：三个臭皮匠——寻求同伴帮助。

我向大学同学求助，询问他们学校对开学报到的要求。交流发现：报到收费要求、开学第一天的准备写在黑板上，或提前发在班级群里，让家长们提前作准备；布置黑板报时，可将对学生的寄语、班规写在黑板报上，还可邀请学生一起参与黑板报的布置。

第四招：他山之石——做好新旧班主任的衔接工作。

班级硬件布置已完成，如何进行班级软件建设？如何迅速了解并建立起亲密的关系呢？于是，我找到了他们的低年级班主任——张老师，她一直从事低年段班主任工作。我向她借了之前的《班主任工作手册》，了解班级情况，并请她介绍一下我即将接手的班集体。

张老师告诉我，学生基础较差，两极分化较大。对于离婚家庭的学生尤其需要关注。张老师分别向我介绍了这些离婚家庭孩子的情况，我边听边做记录，发现他们的情况并不相同：有的内向寡言，有的外向，比较喜欢做一些过激行为，引起别人注意。交流结束，翻看完《班主任工作手册》后，我迅速地在笔记本上写上需要关注的名单，以及思考报到当天如何给予他们更多的关怀。

第五招：芝麻开花——巧用"第一次"。

中途接班，学生报到当天一定要做好六个"第一"，即用好第一个小助手；第一次记住学生的名字；第一次向学生自我介绍；第一次听学生自我介绍；第一次拍"全家福"；第一次说班级规则。

万事俱备，只欠东风。

第二天，我早早地来到学校，等待着第一个报到的学生。"报到！"一个帅气的小男孩背着书包出现在我眼前，"你是班主任蔡老师吗？"我点点头："你可真早！一看你就是很有时间观念的孩子！你是谁，自我介绍一下吧？"这个小男孩见我夸他有时间观念，立刻笑眯眯地回答道："我叫卞××！"卞××，这不是昨天张老师告诉我的那个因父母离婚而经常做出过激行为的孩子吗！我忍不住再一次打量了他一下，眼前是一个文质彬彬的男孩，与过激行为很难建立起联系。"卞同学，你是我第一个认识的同学，我俩可真有缘。今天请你当我的小助手，当同学到来的时候，组织他们按照上学期的位置安静坐好，有难度吗？""保证完成任务！"他交完暑假作业，赶紧冲到门口，迎接班级同学，而我在黑板上写上：轻声交作业，安静入座。

很快，学生们陆续进入教室，卞同学竟然组织得很有秩序，忙碌得像个不知疲倦的陀螺。教室里偶有一些叽叽喳喳的声音，我头也不抬地进行着报名工作，一边用余光看着。报名工作结束后，我站在讲台上不说话，只是静静地扫视着他们。教室里，起初还有些窸窸窣窣的声音，孩子们见我不说话，也渐渐地安静下来。等教室里全部安静后，我笑着自我介绍："各位同学大家好，我叫蔡燕，以后三年由我担任你们的班主任，我们好好合作。看到我们5班，我就想到一个口号：5班5班，绝非一般。5班5班，王者风范。大家一起说！"

"5班5班，绝非一般！5班5班，王者风范！"声音嘹亮。"大家给我的第一印象就是安静有序！卞同学是一个得力的小助手，把班级管理得井井有条，掌声送给他！我还知道我们班还有好几个特别能干的小助手，李××、杨×、施××……"我一口气报出了一堆小助手的名字，孩子们惊讶地张大了嘴，发出"哇……"又露出喜滋滋的得意。

"下面进行自我介绍，每个人用一句话介绍自己，努力让我记得住你们！"学生们轮流上台介绍自己，我迅速记下学生的特点以及座位顺序，方便对他们更了解，尽量能一口报出他们的名字。等介绍完毕，这招还真管用，我随机点学生，报出他们的名字，一连几次都很准，学生都高兴坏了！他们都坐得笔直，期待被老师报出名字。

"同学们，我刚来到这个学校，对学校并不熟悉，以后老师还要请懂礼貌、讲诚信、守纪律的同学担任我的小向导！谁想担任我的小向导？"

话音刚落，个个都把手举得超高，嘴里发出"嗯、嗯、嗯"的声音。"我可要观察一周大家的表现，选出合格的小向导！"他们异口同声地说："好！"随即又坐得正正的。

"老师也想做你们的摄像师，记录下三年你们的成长，我们一起说'茄子'！准备好了吗？"

"准备好啦！茄子！"

"咔嚓"一声，拍下第一次的"全家福"，画面里都是孩子们的笑脸，处处充满着阳光的味道。我将这第一张"全家福"发在家长群里，很快收获一堆温馨的"感谢"。

这是关于初任班主任第一次当上"后妈"的心路历程。第一印象对总体印象的形成比后来获得的信息影响更大,这种现象称为首因效应。班主任刚刚接手一个新班,留给学生的第一印象、对事情的首次处理的方式和效果,往往会影响后期师生关系的建立和良好班集体的建设。要不断建立与学生的关系,拉近心理距离,让学生信任自己,自然会达到教育无痕的效果。

雅斯贝尔斯认为,教育过程首先是一个精神成长过程。班主任是学生的主要精神关怀者,应不失时机地关注学生的发展,与学生的第一次见面,让学生感受到关注与关心,唤醒学生的主体意识,无论是对特殊学生的关心,还是记住全班同学的名字,拍第一次"全家福",都有所体现。作为一名新教师,应当有"未雨绸缪"的精神,脑袋里像放电影般将一个个细节展现,思考还有哪些做得不到位的地方,及时补救。

凡事预则立,不预则废

初任班主任,中途接班,新集体的建设早在新生入学之前就开始了——他必须苦心酝酿着使新生迅速形成"集体"的计划,精心地为"导演"班级青春大戏作各种准备,胸有成竹地迎接着新集体的诞生。案例中老师精心筹划,准备着第一次学生报到时的硬件和软件,很多做法都是行之有效的。

但也有一些地方值得探讨。案例中老师忽略了第一次报到时,除了班主任要尽可能多地去营造班级氛围,了解学生以外,还要让学生们尽可能多地了解一下自己的班主任。情感的交流是双向的,学生第一次报到,对于他们而言一切都是陌生的;而班主任作为班级的定海神针,也有必要让学生知道自己的教育管理观念，或是自己的一些性格爱好，要让学生们大概了解班主任是个怎样的人。所以，把自己准备好，也是一种必要。

——刘伟老师

"凡事预则立，不预则废。"案例中老师作为新班主任，接手了一个对他而言无疑是"烫手山芋"的新班级，因为该班"学生基础差，两极分化比较大"。但是，在学生第一次报到前，他能主动想到查阅学生"成长档案"，了解班级学生在学习、生活、家庭等方方面面的情况。除此之外，案例中老师还三番五次地向有经验的其他班级的老班主任请教，通过"跟班"的方式现场观摩老班主任在学生报到前的具体做法，向其他学校的好友咨询报到当天的打算……这些教育预案行为都值得我们初任班主任学习，提醒初任班主任在学生报到前一定要进行充分的备课。正所谓"知己知彼，百战不殆"，只有对班级、学生、家长的情况做到心中有数，班集体才有可能在我们手中走向优秀。

——陈远根老师

案例中老师想出来的缓解焦虑的方法，确实能给初任班主任一些点子，让他们有所准备。对一名新老师来说，自己和学生初次见面，双方都要想办法给对方留个好印象。在接下来的日子里，老师还是得时刻观察学生的举止，长善救失，以真实的关怀赢得学生的尊敬。

我校会安排所有班级在开学前的三天利用网络学习有关品格教育的课程。内容包括认识校徽和了解学校价值观等。老师利用这三天初步认识学生，以建立师生关系。老师也会设定班规，说明班上的赏罚制度。良好的师生关系是维护互相关怀、培养尊师重道的校风最好的开始。

——王椰亚老师

专家说

科学掌握当班主任的方法

每位班主任都会遇到问题,尤其是初任班主任。遇到问题不可怕,不会解决问题才可怕。案例中老师虽然是新教师,但看得出来,他爱动脑筋、做事老练,有很强的执行力。对于学生第一次报到这件事,他处理得全面、细致。

一是做事很有计划性。对于初任班主任,要处理的事情很多,往往手忙脚乱。但案例中老师做得有条不紊:先请教组里有经验的班主任;然后跟隔壁班主任边做边学;接着,跟自己的同学商讨出更多的解决方案;最后,查阅学生档案,了解班级学生情况,正所谓"知己知彼,百战不殆"。

二是有较强的沟通能力。案例中老师从与组内老师、邻班老师、同学的沟通交流中,获得很多有用的信息,这些信息对于第一次与学生成功见面有着重要的作用。由此可见,作为初任班主任,一定要有良好的沟通能力,它能让我们的工作事半功倍。

三是懂科学的教育方法。案例中老师对教育学和心理学知识运用得很娴熟。他深知"首因效应"的重要性,将与学生的第一次见面安排得井井有条,其中的六个"第一"给学生留下了深刻的印象,一下子拉近了与学生的距离。他了解孩子心理,给班级的"特殊孩子"特别的关照,让他找到自信和努力的方向。

——谢玉香[①]

[①] 南京市首批德育学科带头人、南京市斯霞奖章获得者,连续担任班主任二十几年,现任南京市溧水区德育教研员。

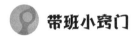 **带班小窍门**

初任班主任的三个"准备"

初任班主任想要更好地迎接新角色,还需要做好三个"准备"。

1. 准备心态

角色的转变是初任班主任最先面对的难题。刚刚成为教师,离开了相对轻松的大学生活,可能无法适应。从被管理者走向管理者的角色变化中,明确自己的主线任务,不能被千头万绪的工作吓到,否则会乱了阵脚。

2. 准备特色

新教师又是新班主任,需要给自己定一个计划。问一问自己:我想要什么样的班集体。思考好班名、班徽、班训、班级口号、班级特色等。在第一次见面时,就可以将自己的带班理念传递给孩子们。如一位班主任将自己班级取名为"星辰班",在第一次见面时候,向班级同学解释:我们每一个人都是宇宙里的一颗繁星,或明或暗,但是每一颗星星都有自己独一无二的特点,要认同自己的价值。从老师的解释中,我们很清楚地明确了班级的目标是培养自信的合格公民。接着,老师也会向学生们传递:我们的征途是星辰大海。征途漫漫,唯有奋斗。到这里,已经可以越来越清楚地了解班级特色文化。因此,在成为班主任之前,也需要思考好班级的特色文化是什么,不打无准备的仗。

3. 准备学生

接到新班以后,每位班主任都会收到学生的花名册。但这些名字都是一个个鲜活的生命,如何去了解他们呢?如果是新生,我们可以设计一个调查问卷,让学生填,也可设计一个由家长填写的问卷。这样,可以帮助我们更了解学生。

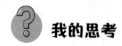 **我的思考**

不立消防员人设

当天晚上,蔡老师在自己的带班手册上这样写道:

<u>凡事预则立,不预则废。不去立消防员人设,要提前看到可能会发生的问题,这样会更轻松。</u>

本专题所讨论的第一次准备当班主任,通过案例的讲述、师生的讨论、专家的点拨和带班小窍门,您是否有一些启发与建议呢?

_____

_____

_____

第一次见面会

学生A:"你见过咱们老班吗?"

学生B:"见过!前两天老班带我们一起打扫了教室卫生和参观了学校。感觉老班好年轻啊,得叫'小班',特别有亲和力。你见过吗?"

学生A:"我没有。但是他给我爸爸妈妈发了信息。我爸妈有点担心,他这么年轻,班级不一定能带好。"

学生B:"你爸妈担心的太多了,我们这么多同学,每个同学小学至少经历两到三个班主任,什么样的班主任没见过啊,年轻和班级能不能带好没有必然关系,好不好!关键看他能不能'降伏'我们啊。"

学生A:"这倒也是,我们小学以前就有好多年轻班主任把班级带得特别好!既有亲和力,又有创造力!希望我们的'小班'也是这样的。"

学生B:"希望如此,新班主任来了!"

初任也智慧——初任班主任的11个第一次

蔡老师刚刚在班级门口落定，就听到班级里叽叽喳喳的。"怎么和想象的不一样？"蔡老师心想，"不应该是安安静静等我来吗？"面对此情此景，初任班主任该怎么做呢？不如，我们先来看看别人是怎么做的吧。

成长案例

我可以进来吗？[①]

新生开学第一天的第一次见面会。预备铃声已经响了，我快走到教室门口时，却看到很多学生在大声地、肆无忌惮地、投入地讲着什么，一点没有要停下来的意思。

我该怎么做呢？我立刻停下就要进教室的脚步，转身在走廊晃了一小会儿，有意让所有同学看到我，好奇老师怎么不进来，同时我也想着怎样进这个教室。是冲到教室里，大吼一声"不要吵了"？是慢悠悠走进教室、默默看着所有同学，一直等到安静？还是……我一只脚站在教室外，一只脚站在教室里，静静地看着学生们。渐渐地，教室里的声音弱了，越来越多的学生看向我。直到所有学生都安静下来，所有学生自己调整好坐姿。也许他们在好奇我怎么不进教室，也许等着我"批评"点什么，也许期待我说点什么……当所有学生安静、专注、好奇、期待地看着我时，我把这份美好拍了下来。然后我右手敲门，怯生生、慢悠悠，带着真诚，礼貌地问道："我可以进来吗？"

学生们一脸的惊讶，或者说是"失望"，教室里一下子又活跃起来，很快有学生就大声地高兴地说："进来，进来，你是老班啊！"我依

[①] 由南京市莫愁中等专业学校吴申全老师撰写。

旧站在门口,动都没动,微笑又为难地说:"我看大家都在'活动',我怕我进来会打扰大家。但是不进来吧,上课铃声又响过了,我就不知道进还是不进?"陶行知说:"真教育是心心相印的活动,唯独从心里发出来,才能达到心灵的深处。"学生们听了我的难处,立刻用那种撒娇又有点怪腔地说:"哎呀,老师! 铃声,铃声,不好意思,我们没听到哎!"此时,我明明知道学生在给自己找借口——没听到铃声,要拆穿吗? 我要不要把另一只脚跨进教室? 我几乎没有犹豫,快速走向讲台,也学学生刚才的说话语气,撒娇又怪腔怪调地说:"我想也是,大家肯定没听到铃声,要不然大家一定会安静地等待老师,是吧?"学生也许是被我模仿他们说话语气的那种搞笑和尊重他们的眼神吸引,全班竟然一边立刻大声回应:"是!"一边开心地笑。是的,学生们的眼神中流露出一种被尊重被信任的喜悦! 这一刻是一个良好的教育契机,我继续向学生"请教",就"上课铃声响了之后要怎么做"展开了讨论。教室里又热闹起来,我在教室里转着,微笑地走过每一个学生身边,带着鼓励的眼神、善意的目光听着学生们自己定的规矩,在讨论中,学生们还拓展讨论了铃声响之前要做些什么……这也许是自我教育、自觉教育的萌芽。

  这是学生进入学校的第一次见面会,第一次就是开头,思维的开头、习惯的开头、感情的开头。同时,它还是一种引导、一种力量、一种影响。班主任刚刚接手一个新班,留给学生的第一印象、对事情的首次处理的方式和效果,往往会影响后期师生关系的建立和良好班集体的建设。

  夸美纽斯说:"孩子们求学的欲望是由老师激发的。假如他们是温和的,是循循善诱的,不用粗鲁的办法使学生疏远他们,而用仁慈的感情与言语去吸引他们;假如他们和善地对待他们的学生,他们就容易得到学生的好感,学生就宁愿进学校而不愿意待在家里了。"每个人都渴望得到他人的尊重,学生也是,尤其是老师的尊重。有一句话这样说:"育人,首先要尊重学生自然的人性,在我们接手教育之前,学生内心深处就已经形成了一个宏大的世界。对这个自然世界,我们显然应该因势利导,而不能置之不理。"

学生们喜欢讲话,本身并没有什么,看到学生活泼、独立、乐观的品质,作为班主任,不能武断地指责学生,而是在充分尊重学生的基础上,以一种互动交流的形式引导、教育学生应该如何做。当学生们得到尊重之后,他们会更容易接受班主任的一些教诲。当班主任本着充分尊重学生的心态,学着如何抓住教育契机并运用触及学生心灵的教育方式来培养学生的时候,学生其实也在不知不觉地接受并被影响。

要不要把第一次遇到的问题扩大化?

我不是很赞同这位老师的做法。首先,既然已经打铃了,老师就需要及时进入教室,不要在教室外面徘徊。用行动告诉学生基本的规则,铃声就是信号,无论学生安静与否,教师先遵守规则。学生不遵守规则不能成为班主任老师不遵守规则的理由。其次,既然在教室外面徘徊一分钟后,学生注意到老师并且安静下来就可以及时进教室了,无需多此一举模仿学生的语调说话,初次见面还是要保持基本的威严为好。既然是初次见面,意味着彼此不熟悉,这样模仿对方的方式是有失礼仪的。另外,用手机拍照记录吵闹现场的方式也不妥,不是什么都可以记录,也不是什么时间都可以记录,都已经近距离看见了,又何必多此一举呢?遇到这种情况,我觉得是正常的。初次见面谈得来是人之常情,声音大一点也不为过,因为规矩尚未建立,刚好以此为契机来讨论规则即可。首先接纳学生这份初次见面的热闹，不要把第一次遇到的问题扩大化、理想化，拿捏好时机，不要复杂化，简单化处理即可。

——陈斌老师

案例中班主任老师的教育智慧不断闪现，让我心生敬佩。走进班级前的思考，面对挑战时的理智，对话学生时的包容以及善意行为中的期待，展现出了这位老师扎实的班主任基本功。班主任专业素养、班主任专业能力和班主任专业技能是一名经验丰富的优秀班主任一定要具备的。然而，菜鸟老班的班主任素养、能力和技能并不成熟，甚至还在形成的初级阶段，且不谈这位老师的巧妙言语和智慧行为，只单单那一份沉稳就已经让初任班主任们兴叹了。因此，这样专家型班主任的教育智慧只能让他们惊艳，却难以变成他们实际带班时的有效措施。

对于初任班主任，我们需要将案例中班主任的教育智慧进行分解，并给出一些简单易操作的建议和方法，才是对他们新接班时最大的支持。在我看来，案例中老师的教育智慧体现在进班前的观察和思考，进班时的沉稳、拍照和对话，进班后的交流和讨论。分解后，对于初任班主任，我有以下建议：

一是新接班一定要提前至少 10 分钟进班，一方面让自己有更多的时间做好首次正式与集体交流的准备，另一方面也让学生看到自己的踏实态度，言传身教。

二是进班时，面带微笑，从容大方，让学生感受到自己既有青春活力，更有大方自信。

三是进班后，将第一次集体交流的细节和注意事项第一时间写在黑板上，如注意倾听铃声做好课前准备、回忆课堂礼仪做好课堂仪式、本次集体交流的提纲等。既然学生知晓自己有备而来，又让学生提前进行思考，嘈杂、混乱等情况也就自然而然地化解了。第一次与学生见面说难也不难,关键就是看班主任有没有下足功夫,作为一名班主任,切忌"打无准备之仗"。

——胡源老师

我倒是很支持这位老师的做法。

这位老师没有因为学生在教室吵闹而简单地走进教室制止,而是经过了一系列的心路变化历程,在充分尊重学生的基础上做出了最适合的做法——模仿学生的语气去回应学生,一下子就拉近了老师与学生的距离。苏联教育家苏霍姆林斯基说过:"一个好的教师,是一个懂得心理学和教育学的人。"教育中的所有策略或技巧,如果离开了对学生成长的真切关注,就将毫无价值。我觉得案例中的老师就很有教育智慧,他从孩子们的实际角度出发,在面临复杂教育情境时所表现出的敏感、迅速、准确的判断,让他一下子就获得了学生的信任与喜爱。这位班主任在遇到问题时所表现出来的智慧、稳定、从容,还需要我们初任班主任多学习、多思考、多实践。

——陈林林老师

我们需要刚柔并济的老师

如果我遇到这位老师,我第一感觉是 nice!但是细细想来,如果老班对班里吵闹不理不睬,或者不作为,我觉得学生会变本加厉,心里觉得:这老师这么温柔,也不让我们安静,再吵一点也没有关系。但如果老师一进来大声制止,开始训导学生上课不能吵闹,学生会觉得,这个老师很严厉。下次就不会那样肆无忌惮地讲话或者不会吵闹。哪怕这个老师私底下或者以后很温柔,但在课堂上,我觉得也要给学生一个下马威,不然镇不住班上的同学。

——张同学

如果我是老班,我接手了这样(吵闹的)班级,我也觉得这不失为一个非常好的契机。比如说,我可以在较短时间内了解到班级内哪些同学是品学兼优的并能带动大多数同学进步,这些同学就是这个集体的先进的"关键人物";另外,我还能留心到生活学习中哪些同学习惯或作风懒散,带来较坏的影响。如果不好好管教的话,甚至会有更多的人"跟风",这些同学就是集体中落后的"关键人物"。他们的影响力不容小觑,他们潜在的破坏力更是让人不可思议。

——杜同学

我希望老师能管起来,我们当中虽然一部分人能自我管理,但大部分人是管不住自己的,或者说只能管住自己一会儿。我想老师可以尝试让我们小组自我管理,毕竟管理几十人和管理几人比起来难多了。老师的管理不一定要暴力,我们还是喜欢真正懂我们的老师。

——李同学

专家说

师德:宝贵的教育资源

新生开学第一天,师生应如何第一次见面?这位老师的希望是:学生安静,良好的坐姿,好奇、期待地等着老师;然后,老师右手敲门、真诚地、愉快地进入教室……然而,实际情况与这位老师的希望相反。学生并未安静、坐好,好奇地期待老师的到来。这位老师便有智慧地依据当时的实际,让其变成对学生实施的无言之教的过程。在这一过程中,学生假装没有听到铃声,继续吵闹。片刻后,当见到老师站在教室门外,却怪腔怪调地说:"哎呀,老

初任也智慧——初任班主任的11个第一次

师,没听到铃声,不好意思。"老师机智地用学生刚才的语气说:"我想也是,大家肯定没听到铃声,要不然,大家一定安静地等待老师,是吧?"老师使用了这类机智的话语,让其言行变成了非常好的教育资源。教师言行是教师道德的外显。

师生第一次见面,就是这样一个开头,思维的开头,习惯的开头,感情的开头。而这也就是一种引导的力量,一种施予的影响。由此,我坚定地相信心理—道德教育是一种"主体—发展性"教育,是一种很好的教育模式或教育方式。

在实际的教育活动中,很难有"纯粹的心理教育",总会自觉或不自觉地融入其他的教育因素。主体是自己运动,让道德生命自己成长,自己教育自己。

教育包括培养人的全部潜能、无止境的完善过程以及终身的学习过程。

教育应提升精神品质,包括心理的、价值观的、道德的、信仰的、审美的;促进人格和谐,实施人的自身建设;应超越当下的现状,实现全球的、人类命运共同体建设,认识人格发展的意义,服务人生幸福。

感谢这位老师又给我这样一次践行做自觉学习者的机会,他的言行又一次让我体悟到师德,确实是宝贵的教育资源。

这个小故事,也让我再次感到应切实做好心理—道德教育,共享生命诀句:珍视生命,快乐生活,天天向上,幸福人生。珍视生命是根本,快乐生活每一天,天天向上不停歇,幸福人生最为美。

——班华[①]

真理越辩越明。蔡老师在看了案例中各位老师和学生的不同看法之后,也逐渐有了自己的想法。同学们安静下来了,蔡老师却又犯难了:总不能大眼瞪小眼吧?第一次见面能有什么活动可以做的呢?

[①] 南京师范大学教授,博士生导师。

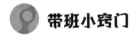 **带班小窍门**

师生第一次见面的破冰游戏

日常人际关系中的第一印象是至关重要的。班集体建设,也是如此。学生对新班主任的最初印象,将影响以后的班风。也就是说,和学生的第一次见面,将直接影响未来几年的师生关系和班级建设。因此,对班主任来说,新班级的建设早在新生入学之前就开始了。有哪些活动适合在第一次见面中使用呢?这里有一些小妙招,让师生的第一次见面更具活力。

1. 暖场小游戏

活动目标: 加速学生彼此熟悉的进程;每个人力争记住其他人的名字。

游戏环境: 全班围成一个圈。

时间: 20分钟。

游戏步骤:

(1) 学生围成圈,每个人轮流报出自己的名字。要求学生清晰、大声地报出自己的名字,以便让每一个人都听见,如果这个人的名字不太常见,老班则要鼓励他在黑板上写下来。同样,鼓励学生在介绍自己的时候,采用一些便于让别人记忆的方法。如"我叫刘欣,因为我爸妈希望我留心身边的人和事"。也可以通过比划或者做动作的方式。

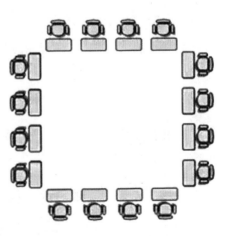

(2) 一圈过去后,要求学生A看向学生B,"我叫×××,你叫×××,请你找出×××(学生C)"。再找学生C时,要求其他同学不能用眼神提示。

(3) 找到学生C后，重复"我叫×××，你叫×××，请你找出×××(学生D)"，随后学生C去找学生D。

(4) 以此类推，直到每一个学生都被找到。

2. 给学生精心准备一点"见面礼"

这"礼物"可以是一张写有你祝福的小书签，或是一本书，当然，也可以是一句有意义的话。要很敏锐地发现刚报到的学生不经意表现出来的各种亮色，然后将其渲染扩大，变成即兴的教育资源，如主动领新教材、积极打扫教室卫生；在学生中进行"我心目中的班集体""我理想的班主任"等问卷调查；举行"记者招待会"，所有学生都是"记者"，向班主任提问，以此增强了解；拍一张集体照，以后新学期开学第一天也拍一张，和毕业照一起做个对比，看看成长的足迹。

新学期接手新班级，老师面对新的学生，学生面对新的老师，其实彼此都希望得到对方的关注和认同。老师要充分利用这段与学生初次接触的时间，尽快熟悉学生，用自己的言行来赢得学生的信任与支持，为今后教育教学工作的顺利开展奠定坚实的基础。美国心理学家洛钦斯提出第一印象效应，即交往双方形成的第一次印象对今后交往的影响很大。虽然第一印象并非总是正确的，但却是最鲜明、最牢固的，并且决定着以后双方交往的进程。

 **我的思考**

携着"爱"，走进班级，走近学生

当天晚上，蔡老师在自己的带班手册上这样写：

<u>用真心换取真心，接手新班级，师生虽然最初彼此都很陌生，但只要我带着一颗热爱教育、珍爱学生的心，用心做好教育和教学，并努力</u>

做得尽善尽美,那么就一定能感动学生。有了学生的认同、支持和理解,我的教育教学工作自然会变得轻松愉悦,得心应手。

　　本专题所讨论的师生第一次见面,通过案例的讲述、师生的讨论、专家的点拨和带班小窍门,您是否有一些启发与建议呢?

_____

_____

_____

第一次排座位

"叮铃铃……叮铃铃……"蔡老师的电话响了起来。

"喂,您好!"

"蔡老师啊,我是×××的妈妈呀,我们孩子个子小,可一定要安排坐前面啊!"

"我们家这孩子啊,老走神,能不能给安排在前两排坐?在老师眼皮子底下也许能更专心听讲。谢谢您了啊,蔡老师!"

"我家孩子眼镜度数又上升了,蔡老师可以把咱们座位调前一点吗?"

"我们家孩子最近成绩下滑得厉害,都是因为他的同桌不好好学习影响他。"

"我们家孩子比较内向,以前啊没少回家跟我哭鼻子,蔡老师,麻烦您帮我们家孩子排在好相处的同学旁边吧。"

蔡老师这会儿电话就没断过,全是家长们对于某些座位的执念,想要各自心目中的"C位"。这也难怪,教室内的课桌椅摆放、班级的座位安排、家长的理解与否都会影响学生的学习效率,影响班级的整体班风。蔡老师又将如何组织学生对座位进行科学且合理的安排呢?他借鉴了下面"成长案例"中方法。

 成长案例

班级座位公约[①]

开学的时候,同学们是随机选择的座位,我调整了一些身高与座位差距太大的同学的座位,其他的基本没有变化。于是我对同学们说:"同学们,咱们座位先这样安排,一个月之后,我们将综合各方面的因素来安排座位。"令我没想到的是,我话音刚落,坐在后排的几个孩子就开口了:"有什么好排的。不就是成绩好的坐前面吗?""就是,反正我们怎么排都坐在最后面。"还有孩子连忙举手:"老师,我视力不好,坐在后面我看不清。""老师,老师,我也是的,我妈说我必须坐在第二排。"

一时间,我陷入了沉思:孩子们对"座位"已经形成了自己固有的想法,甚至是"偏见"。在我看来,学生的座位是班级文化的载体之一,而座位安排需要为每一个学生的成长助力。就座位的性质而言,它无好坏之分,与学生的成绩更没有直接、必然的联系。

这么想着,沉默了片刻,我微笑着回应道:"大家的想法我都了解

---

① 由南京市陶行知小学陈卉老师撰写。

了。这是咱们班的第一次排座位，大家都不希望很草率地完成，对不对？而且大家都不熟悉，咱们也需要一点时间相互了解，不是吗？"也许是感受到了我的真诚，大家都表示赞同。

两周之后，我利用班会课的时间组织了一场交流会，主题是"我心目中的理想座位"。这个主题一下子就把学生给吸引住了，他们隐约感觉到，可以自由挑选座位的机会来了！班会课上，我先给予他们一些时间在小组内交流，分享自己的理想座位，之后再请几个学生在全班分享。有的孩子觉得教室的最前面是理想座位：因为听得最清楚，离老师最近；有的孩子觉得教室的最后面是理想座位：因为某些时刻既能避开老师的视线，又能一览前面的同学在做什么；还有的孩子认为教室的中间两排是理想座位：理由是家长告诉他这样对视力最好……也许是他们发现我并没有在中途批评或指责他们的一些想法，于是整个过程，大家畅所欲言，都坦诚地说出了内心真实的想法。

接下来，对于他们提到的"理想座位"，我分别邀请了已经坐在这些座位上的同学进行发言和回应。坐在教室后排的同学表示，确实可以"一览众山小"，还能发现谁在做小动作呢。然而，他们却羡慕坐在前排的同学可以得到老师更多的关注；坐在教室前面的同学则表示，离讲台很近，当老师有需要时，可以第一时间冲上去帮忙。不过，课堂上没人发言时，一不小心就会跟老师来个眼神交汇，被叫起来发言。他们的这些回应过于真实，惹得大家阵阵发笑。我心里暗暗高兴，这样的交流很有意义。见时机成熟了，我语重心长地说道："孩子们，通过刚才的交流，大家应该能感受到，无论是教室里的哪一个座位，其实都没有好坏之分。你们说坐在后面被老师关注的少。仔细回忆下，课堂上老师是不是也经常会走到你的身边，在你神游时轻轻敲敲你的桌子或是摸摸你的头？今天的交流，是希望大家在聆听别人的分享时，也能听听坐不同座位的同学的感受，以增加对最佳座位的理解。"

有了这样的情感积淀，我开始组织同学们一起思考：编排座位需要考虑哪些因素，有没有什么方法能够尽可能做到公平公正、人人平等，为了实现大家心中的理想，我们可不可以尝试一些创新之举？学生们逐步拥有了自我意识，认知方式也从过去整体的观念转变为具体的分析。经过热烈且充分的讨论，我们制定了班级座位编排的公约：

（1）考虑以下因素：视力、身高、个性特征、彼此间的相互影响；

（2）遵循原则：公平公开、人人平等，集体利益优先，与时俱进、定期轮换；

（3）轮换周期和方式：两周一次，顺时针平移轮换；

（4）创新之举：自选座位日——每月第三周周五为自选座位日，可根据自己的意愿与同学交换位置，体验坐在不同座位上的感受；

（5）附加条约：如果某位同学在座位上影响其他同学或是违背班风班纪，由班干部提醒一次，如若效果不佳，需接受班主任临时调整的座位。

班会的最后，我和同学们一起鼓掌通过了这次座位编排公约，并在上面签名，将它郑重地贴在教室的公告栏上。当我提到咱们的公约制定了，希望能够得到家长的支持和理解时，孩子们纷纷表示，由他们回去传达和告知，并有信心说服家长理解。

一直以来，排座位问题都是班主任无法回避的问题。可以说，没有一种万能的或固定的排座位方法，关键在于班主任正确引导学生认识座位，从而减少因座位问题引发的矛盾,最终去构建和谐、友爱、互助的班风。

苏霍姆林斯基曾说:"只有激发学生进行自我教育的教育,才是真正的教育。"首先,在班会中畅谈自己心中的"理想座位",目的是拓宽他们对"座位"的视野,转变他们对"座位"的看法;其次,共同探讨排座位需要考虑的因素以及遵循的原则;最后,形成了班级专属的座位编排公约。每一个学生都是独特的生命个体,都具有巨大的发展潜能。尊重每个学生,允许他们自由发表自己的观点、见解,邀请他们参与到班级座位编排活动中,真正让他们成为班级的小主人。

第一次排座位时,面对学生的"诘责",我们不妨把它当作是一次难能可贵的教育契机。在一步步了解学生、了解班级的过程中,带领着他们一起讨论班级的座位编排,共同参与制定公约。在这个过程中,学生感受到的是老师的民主,老师的尊重,更是老师的信任。在与同学们情感联系的过程中,班级的向心力也得到了提升。

 老师说

专制与民主

怎样把班里几十名学生以高效又令人满意的形式进行排列组合,一直是让班主任头疼的问题。这位老师在开学伊始处理排座位问题时可谓是教育智慧不断闪现,让我心生佩服:我们常说教育无小事,事事都育人,这位老师在面对学生的质疑时,没有显示出所谓的权威,而是利用"我心目中的理想座位"这一话题,抓住学生的心理需求、尊重学生的个人意愿、集中学生的聪明智慧,巧妙地改变了他们对"座位"问题的偏见和看法。与此同时,这位老师还给予学生一个自由广阔的言说空间,经过充分的民主讨论,制定出合乎班情的座位编排公约,不仅增强了班级管理的透明度,还提高班主任的公信力,让学生成为班级管理的小主人。

班级管理的"收放自如"与"张弛有度"。管理意味着程序民主,但并不意味着完全放弃引导权和决策权。经常看到在一些班级管理案例中,有的班主任会站在比学生高的角度,居高临下,扮演着不可挑战的权威的角色;有的教师则恰恰相反,完全放权,追求民主。其实这两种管理风格都不太妥当,案例中的老师则介于两者之间,既"收放自如"又"张弛有度"。一方面,他很好地协调好教师的主导作用与学生自主参与的关系,在选择编排座位的方式上,没有简单地偏执一端;另一方面,他既尊重学生的主体性,又没有放弃教师的引导权和决策权,很好地与学生合作,建立编排座位的有效机制,减少因预设不足而导致的被动,甚至尴尬,切实有效地提升班级管理的有序性、规范性、灵活性。

——程晋燕老师

排座椅在班主任工作中是常被忽略的一个重点问题,却是学生和家长都关心的一个问题。家长都希望孩子坐在班级的"黄金区域",以保证学生的听课效率高,还能被老师时时关注到。学生在面对坐哪儿的问题时,他的答案更多的是源自自己的主观喜好。

老师的智慧处理既能够杜绝家长的"指手划脚",又很好地解决了学生的座位问题。

一是用平和、真诚的心态与学生沟通。老师新接手班级时,面对一群学生挑战自己的"权威"时,表现出来的是平和,没有立刻打断学生对座位的"七嘴八舌",而是倾听学生的想法,真诚沟通,并且思考策略。

二是尊重学生的自主权。老师利用班会课,以"心中的理想座位"为切入口,鼓励每位学生充分表达自己的观点,并在此基础上,引导学生意识到座位的价值。

三是建立公约,树立规则意识。老师让学生发表观点之后,又鼓励学生参与编排座位公约。在公约里,既有公平公正、合理搭配、及时微调的原则,

初任也智慧——初任班主任的11个第一次

又有"自选座位日"的创新之举。让学生体验了一回班级"小主人",参与班级事务,再签上自己的名字,用规则引领言行。

四是争取家长的认可,化阻力为动力。老师在最后,还不忘交代学生将这件事告诉自己的父母,取得家长的支持,并且这也是新接手班主任与家长的第一次"沟通"。我想,这样智慧的处理也获得了家长的信任,为今后的班主任工作打下基础。

——张梦磊老师

第一次排座位是一次难得的教育契机,在这个第一次里包含三个主体和两个关键性因素。

三个主体就是班主任、学生和新班集体。我们对"第一次"要格外珍视,因为它可以通过任何触发事件衍生对周围人群的首因效应。作为班主任,我们第一次排座位怎么排?要考虑些什么?作为学生,第一次接受排座位、第一次参与排座位和第一次作为主体设计排座位的体验感和教育意义是不一样的。还有一个主体就是班集体,作为班集体第一次排座位,会为这个班集体建设做出什么贡献?是制度上的还是精神上的?

我们借着这位老师的教育故事进一步地思考:还有两个关键性因素影响着我们的"第一次排座位"。这两个关键性因素就是家长对排座位的认知和学校等主管部门的政策性干预。家长方面,相信老师们都能理解;学校等主管部门的政策性干预,我想疫情期间也体现得比较充分,同桌和小组必须服从防疫单排。所以,我们没有办法全部按照班主任、学生、班集体意识去操作,必须把家长的意见和政策性要求落实在教室里,这一方天地并不只属于老师和孩子们。

案例中老师的故事,让我们知道:调"位"实则调"心"。这位老师说"没有一种万能的排座位方法"。但座位作为载体会给班风建设带来更多的可能性。孩子们参与其中除了得到"和谐、友爱、互助",更会得到一种认知:资源意识。当今世界因为资源短缺而引发的地区冲突、国际矛盾层出不穷,当我们教室里孩子们有一天走向国际舞台时,一个小小的班级座位排位,会给他们的人生成长带来什么影响？我想就是"契约精神"和"资源意识"。

我们在思考表层的排列组合的时候,也要思考给每一个座位赋予深层的精神意义,将班级的座位资源在思想空间里无限延伸,不再让某些"座位"成为众所周知的稀缺资源,当大家都认为班级里"资源"无限的时候,自然"心底无私天地宽",因为大海里的每一滴水都可以折射太阳的光辉,无论你在天涯还是海角。

——冯锟老师

学生说

老班给我们选座自由,行不行?

我觉得老师排座位的方法非常人性化,不是一味地按照自己的想法排,也倾听到了来自学生内心的真实想法。活泼、乐于助人的同学一般喜欢往前坐,喜欢和老师在课堂上有更多的互动;沉默内敛的同学大部分喜欢坐在安静但可以听到讲课内容的地方。所以,还要根据老师对同学们的了解,灵活安排。如果有同学想要换个新鲜的地方坐坐,也可以在一个月中的特殊日子,自行调换位置,这是非常好的。同时,班级里也会有同学坐在很偏或存在感很低的位置,需要老师在课堂上多观察同学们的小动作、小情况。

——王同学

我非常赞同老师的做法,很明显她听到了班里有人在抱怨,但她没有生气,也没有第一时间批评我们。相反,她在班会上让我们每个人畅所欲言,说说自己的理想座位,不管最后能不能坐上理想座位,至少我们觉得,她愿意倾听我们的想法,也愿意给我们"做梦"的自由。

——章同学

我最喜欢的还是大家一起讨论出的每月一次的"自选座位日"。换了别的老师,估计不会同意我们这样自由地选座,肯定担心我们关系好的会坐在一起讲话,影响课堂,但老师同意了,说明她是信任我们的。

——陈同学

我觉得老师和同学们一起讨论座位编排公约这点很好,但他似乎过于"放权"了。作为班主任,我认为在讨论过程中还是要起主导和决定作用的。要知道,每个人都有自己的想法,如果一个座位好几个人都想坐,那怎么协调呢?所以,自选座位日在实际操作过程中可能会面临很多的实际问题。

——张同学

 专家说

座位编排是一种教育理念的体现

座位编排看似是班级管理中的小事,却藏着学生教育和班级文化建设的大智慧。座位安排是教室生态圈的物化环境布置。学生以座位为单位,开展个体学习、团队合作、人际交往等基本活动,形成学生成长的自然场域。座位编排之细、考虑因素之多,只有参与其中的班主任才能深有体会。然而,尽管我们绞尽脑汁地想要合理确定座位,却总是众口难调。

1. 排座位的依据体现出班主任的学生评价观

很多班级都有自己的排座位依据,有的根据身高,有的结合视力,有的按照学习小组,有的突出成绩……这位老师班级孩子们的"抱怨"不是个别学校或班级的个例,在很大范围上(特别是中学阶段)以考试成绩或行为表现来安排座位的情况不在少数。学习好、表现好的同学坐前面、坐中间,容易捣乱的、不认真听讲的同学,往边上、往后排、往老师眼皮子底下排。座位成了一种福利或是一种惩罚,异化为班主任实施个人权力、表达个人喜好的途径。网络上盛传的"黄金座位图"就是这种扭曲的评价观带来的教育异化产物。

学生，似乎成了一个物品，根据某种"评价属性"被安排在人为划分的差异和等级明显的区域里。班主任有怎样的评价观，就会出现怎样的排座位依据。

2. 排座位的标准最直接地体现出教育的公平性

想要弱化"黄金座位"在学生和家长眼中的特殊性，就要通过实施"教育公平"来进行正面强化。这位老师的班级座位编排有明确的原则，考虑因素得当、遵循原则全面，既有固定的轮换制度又有新奇的创意之举，符合孩子的年龄特点和身心发展规律。更重要的是，这样一份公约，突出地体现了教育的公平性原则，打破了"黄金"区的固定性，让每个孩子通过轮换和自选相结合的方式，都有机会在每个座位上一试。曾经的众口难调，成了现在的机会均等，这样的转变就是教育公平的实践，给学生和家长留下深刻的印记。

如果真的有"黄金座位"，那就让每个孩子都有机会去体验。学生在座位中感受到教育资源的均衡配置，享有公平、平等、有质量的教育，成为隐形的成长课程。

3. 挖掘"座位"背后的教育资源是班主任工作艺术的体现

班主任用艺术的、巧妙的方式开展工作，学生怎能不信服于新一任的班主任呢？如此艺术的工作，其背后是这位老师对教育资源的深入挖掘，是这位老师将教育现场的问题转化为教育契机的能力，这就是班主任专业能力。

在这么短的座位处理过程中，我们至少能看出这位老师三个方面的专业思考：

一是换位思考，角色代入。让坐在所谓"黄金座位"的同学来表达自己的感受，揭开这些座位神秘的面纱，大家换位思考，体会"黄金座位"究竟是什么样的。这样角色代入符合学生的认知特点。

二是契约精神，共同遵守。这位老师通过班会课，确定班级座位编排的公约，这就给了全班同学参与讨论、充分表达的机会，当大家一致通过座位

初任也智慧——初任班主任的11个第一次

公约后,班级内就达成了一种契约精神。遵守公约不再是班主任的要求,而成了同学们主动的行为。

三是辩证思维,权责并行。公约里的"附加条约"实在让人叫好!它向学生传递出的是一种积极思维,即我们需要辩证地思考问题,既要享有自己合理的权利又要履行自己的责任和义务。如果在选定的座位上违反纪律、影响他人,就必须取消这个"福利"。

排座位看似是一件小事,但却让我们看到了教育意义的深远。

——沈磊[①]

 带班小窍门

第一次排座位如何做到"快静齐"?

1. 排座位方法

(1)征求学生意见,自主参与管理

---

① 南京市致远初级中学德育副校长,南京市德育工作带头人。

班主任可以深入到学生中去了解他们的意见和想法,也可以设计相关的调查问卷。根据大家的意见和班主任的主导思想,整理出若干条款,由班级大会确认通过。学生自己参与制定的规则就比较有公信力,执行起来的阻力也小。

(2) 让班干部参与编排座位

其实,由能力强的班委或者由几名班委组成的小组排出来的座位并不比班主任亲自排的座位效果差。学生朝夕相处,对班级的课堂状况和同学关系了解得最清楚,所以,学生自己排的座位往往更加合理。

在操作上,主持编排的班委首先去了解同学关于座位的要求,然后根据班委自己的观察和若干原则试排出一张座次表,交班主任审批。

其中,个别学生的动员也是先由班委做工作,如果工作做通了,就不需要班主任出面。这样班主任就有了一定的缓冲余地,可以集中精力应对难度大的思想工作。

(3) 以合作式小组为编排依据

学生对座位的满意度,第一取决于同桌,第二取决于紧靠自己的前后排同学。以双人座的小组为例,与每个学生距离最近、影响最大的有五个人:同桌、后排两人、前排两人。所以,在教室里营造优良的小组环境,是提升学生座位满意度的好方法。

几次考试之后,学生的学习成绩开始变化,性格爱好也逐渐明朗,学生们在自由结合的前提下,推选了自己信任的小组长,形成了自己喜欢的小组。

他们由原来分散在教室的各个位置变成集中在一起,前后左右三对相邻的同桌变为一个小组,便于小组讨论、组长讲题和老师指导。换位规则是,他们(六个小组)以组为单位每两周顺时针调整,通常同位不变,但前后或者左右发生变化。

可指派学习委员专人专项负责,学生如有特殊情况,在不影响他人的前提下,可自行解决,可找负责同学协调。

(4) 分列小组式

如果学习任务越来越重,为了让学生专心学习,可以实行单人单桌的座位安排。但同时为了促进他们的团结合作,可以将每一列设为一个小组,座位由组长安排。至于组员,由学习委员和组长根据同学们的性别、成绩(平均20名左右)、兴趣爱好、人际关系等因素负责统筹策划,采取自己"招标"、组员"投标"、自由组合等多种形式,形成新的团队。换位规则是,每两周向左轮动一次,小组内的座位调整由各组自行解决,大部分都是向前移动一位。同时,它也是培养同学们民主意识、构建"班级公民社会"的重要契机。构建新的学习小组,选择新的学习伙伴,完全可以成为向学生渗透公民意识、帮助学生适应未来社会生活的最佳时机。

(5) 明确规则,加强教育

班主任要教育学生,每一张座位都有优缺点,没有绝对好的位置。要把主要精力放在安心学习、与同学友好相处上,不要对座位问题过于纠结,更不能太自私,只想着自己的利益,要考虑别人的感受和班级整体利益,减少班主任工作的麻烦。

2. 换座位请求的处理方法

首先,可以规定一定的期限,如半个学期或一个学期。除非很特殊的情况,期限内基本不同意学生换座位的要求(可以以规则的形式明确)。达到一定的期限,学生可以向班主任个别提出申请并说明理由。不正式申请不予考虑,但申请了也不一定就能满足要求,需根据实际情况来定。

其次,申请者要在现有的座位上好好表现。如果因为座位不理想或暂时不能满足换座位的要求就不好好听课,则换座位的申请将不被接受。只有在现在的座位上尽自己的努力好好学习的同学,调换座位时才会优先考虑。

再次,在座位问题上表现出大度、谦让、顾全大局的同学在调整座位时将优先考虑。或在其他荣誉问题上补偿,不让老实人吃亏。

班主任在换座位的问题上经常需要一些境界比较高的同学的理解、合作,才能顺利地解决矛盾。发扬风格被认为是一种美德,但是,如果不能体现公平,一味要求学生谦让,造成好说话的同学吃亏,是不合理的。

我的思考

理解+尊重=和谐

当天晚上,蔡老师在自己的带班手册上这样写道:

<u>接手新班后的第一次座位编排,我充分尊重了每一个孩子的想法,采用"民主自愿+教师参与"的方式,带领学生正确认识"座位",组织学生积极参与座位的编排。我相信,和谐友爱、互相理解、彼此尊重的班风也在逐渐形成。</u>

本专题所讨论的初任班主任第一次排座位,通过案例的讲述、师生的讨论、专家的点拨和带班小窍门,您是否有一些启发与建议呢?

_____

_____

_____

第一次制定班规

听到下课铃响起,蔡老师就会很紧张。为什么上课不紧张下课紧张?原因当然是——

"下课铃声一响,神兽们开始疯赶、乱丢垃圾,部分同学不爱学习的习气又开始在班级中滋生、蔓延;校长在我班抓到课间疯赶的同学,在全校进行安全文明警示教育,班级部分同学仍无动于衷;直接找我打小报告的越来越多。"有经验的班主任则会安慰道:"试着制定一份班规吧。"

其实,蔡老师的班级墙上也贴着一张"班级公约"。只是这份班级公约是蔡老师从网上下载的。每个学生都是独一无二的,每个班级必然也是各不相同的。很多初任班主任由于缺乏经验,拿别人的经验直接套用,这是不可取的。那么,一份适合自己班级的班规到底是怎么产生的呢?

📝 成长案例

群策群力，共商规范[1]

一方面为了让全班学生都能参与班规的制定，一方面为了减少学生制定班规时的反感情绪，我并没有在主题班会的一开始就"亮"出本次班会的主题，而是做了一个小调查——小学阶段你特别反感班级里的哪些行为？（限写5个）

这个问题一抛出，学生们便炸开了锅，七嘴八舌地交流起来，待我几次提醒写在课前发放的A4纸上，班级才慢慢地安静下来。不一会，就有学生举手问道："老师，只能写5个吗？我想写7个。""限写5个哦，你可以先把7个特别反感的行为写出来，然后从中间挑出更反感的5个行为。"我回答道。

看着全班学生认真思考和奋笔疾书的样子，我暗暗窃喜，心想："不怕你们写得多，就怕你们写得少，看来班规有着落了！"时间过得飞快，很快5分钟过去了，虽然依然有学生在涂涂改改，但我还是提醒他们先停止。"5分钟时间，说长不长，说短不短，我看到同学们写了很多小学阶段特别反感的班级里的行为，大家希望这些行为继续在初中阶段出现吗？"我问道。不出我的意料，全班学生异口同声地回答道："不希望！"随即，我问道："既然不希望这些行为在初中阶段的班级里继续出现，那就得用一些方法来制止，怎么办呢？""成立督察小组。""制定班规！""一旦发现，严肃教育！"学生们众说纷纭。而我，

---

[1] 由南京师范大学附属中学新城初级中学胡源老师撰写。

初任也智慧——初任班主任的11个第一次

清了清嗓子，抓住契机道："看来同学们的经验很丰富嘛，说了好多种办法。但是，不管是督察还是教育，都要有章可循，有规可依，大家说是吗？""是！"绝大部分学生赞同道。我立即趁热打铁，说道："所以，我们当务之急是制定出合理的班规。为了充分考虑同学们的意见，请前后左右4人为一小组，统计大家刚才所写的小学阶段特别反感的行为，并按照出现的频率进行排序。统计完成后，我们进行全班汇总与交流。"

很快，各小组完成了统计。紧接着，在我的组织下进行了全班汇总和排序，共计列举62条小学阶段特别反感的行为。其中，有些行为的反感率接近100%，如说脏话、起绰号、抄袭作业等。

随后，我和学生一起将62条按照频率排列的小学阶段所反感的行为进行规整和分类，发现主要涉及秩序、礼节、课业、公物使用等方面。再经过字句精简和正面改进（尽可能地将反感的行为改为正面的期待），班规初稿便形成了。

课后，我将班规初稿发送至班级QQ群，邀请家长和任课教师一起修改，共同完善。最终，达成共识，形成了学生、家长、任课教师和我都认可的班规，为新一届优秀班集体的形成奠定了制度基础。

健全的规章制度是班集体形成的必备条件，学生、家长、任课教师和班主任都认同并将其作为行为准则的班规是优秀班集体形成的制度基础。因此，在第一次制定班规的过程中，需要尽可能地参考多方意见，以便形成共识。一方面避免班集体的发展过程中班规成为摆设，另一方面避免班级师生在使用班规进行行为规范或行为矫正时家长不支持、不配合。班级学生是将班规作为行为准则的主体，所以在班规制定过程中一定要最大程度地反映学生的心声,只有这样,所制定的班规才能被学生认同和使用。

苏霍姆林斯基曾说过:"孩子愈少感到落于自己头上的教育设想,这种教育现象的教育效果就愈大。"制定班规时,一味地要求"不",反而会激起学生的反感。换一种思路,学生列出他们所反感的行为,一步一步引导他们从所反感的行为中找到行为准则,并将其变成正面期待。尽可能地让学生感受到班规的制定是期待,是准则,而不是管制,更不是找茬。从另一个角度来说,以此为基础通过群策群力制定的班规,是学生、家长、教师对班集体的向往,是新建班集体一切美好的开端。

名班主任李镇西曾在班规制定的经验分享中这样说道:"不仅仅出台一纸班规,而更着眼于学生自我教育和自我管理意识的唤醒与能力的培养;不仅让学生遵规守纪,更着眼于我和学生的共同成长;不仅仅达到民主管理的结果,而更着眼于民主教育——把班规制定的过程同时变成对学生进行民主精神启蒙和民主实践训练的过程。"

"横看成岭侧成峰,远近高低各不同。"只有客观全面地从各个角度进行分析,才能让班规制定得更加合理。案例的故事中,有哪些地方值得初任班主任们借鉴?又有哪些地方需要初任班主任们反思呢?让我们一起来探讨这个案例。

62条班规是否信息过载?

我是一名初任班主任,我对于班规一直有些迷惑。通过观察和了解,我发现在很多班级,班规形同虚设,学生往往很难主动执行,最终只能沦为教室墙上的一个装饰,班级文化的一个摆设。为什么会出现这样的问题?是不是我们一开始设计制定的时候就出了错?究竟该如何解决?案例中老师的做法给我们展示了一个很好的解决方案。第一点，打破传统思路，换位思考，从孩子们的角度思考问题。这样遵循事物发展的规律，不但能增强孩子们的参与感，激发孩子们的主观能动性，还能培养孩子们的责任意识。第二点，打破刻板印象，注重正向引导。这位老师特别注意到将"我不喜欢这些行为"转变成"我们不应该这样做"，再进一步改进为"我们应该那样做"。这样也是考虑到了学生的思维方式，以他们喜欢的方式来接受、拥抱新的班规。第三点，学生、班主任、任课老师以及家长，全员参与。这样的多元参与，一来能使班规的制定更加全面合理，二来也能体现家校共育的合力，形成一个教育共同体。

但我也有一些不认可的地方。首先，谨防信息过载。最初的班规就有62条，学生们能够记得过来吗？其次，班规是底线，违反了班规怎么办？最后，缺少强化机制，可能又一次沦为班级背景板。

——朱熹微老师

这位老师让全班同学参与制定班规，体现了制度的民主性；从大家心目中"不好的行为"出发制定班规，体现了制度的合理性。这位老师将初步的班规公布于众，让其他任课老师和家长都认可这个班规，也为今后的师生沟通、师师沟通、家校沟通作好了铺垫。这都值得初任班主任学习！

虽然没有做过班主任，但副班主任也做了8年，孩子们在我的手下比较"乖"，绝不仅仅仰仗班主任的管理，孩子们可机灵着呢，看人下菜，作为副班主任，也要有两把刷子。以下是我结合班级管理经验所提出的几个小建议：

在班规制定伊始，老师要让学生意识到班规的制定是为了建设优秀的班集体，不是为了制止某些行为。由孩子们来共同制定，是因为这个优秀的班集体是学生心目中的，不是老师根据心中的期待强加给孩子们的。班规对学生有效，对老师同样有效，让学生意识到是班规说了算，不是老师说了算，老师处理各种问题是对事不对人，老师的判断不是主观的而是客观的，也更容易取得学生的信任，更容易被信服。

第一次制定班规

班规是集体的共识，大家真的都同意制定班规吗？在小学阶段总是不遵守各种规则的孩子能从心理上顺利接受班规吗？青春期的孩子总是敏感的，我觉得这位老师在这次班会前要对班级的孩子有一定的观察和了解，让民主成为"真民主"，而不是忽略可能出现的小部分的迷茫派，甚至反对派。班规的制定有可能成为后进生树立信心的开端。

在制定班规细则前，老师可以先根据孩子们的意见反馈引导大家确定班规的基本原则："尊重老师，不扰他人，对自己负责。"班规的条条框框这么多，无非是基于这几个原则。当班规无法被完全记住的时候，如何评价、调整自己的行为，也是从这几方面出发。班规记不全，但原则要熟记于心。班规既是行为准则，又包含了道德情感教育。比如，某位学生没有遵守某一条班规，老师总不能批评你错在哪一条没做到，而是让学生意识到这样的行为会给他人和自己带来怎样的影响，明白行为背后的意义。

除了班规由民主产生，违背班规的惩罚也要遵循民主意愿。建议在班规制定后，还要追加对惩罚的讨论和制定，让惩罚也有"法"可依。罚也要被罚得心服口服。

——杨婷老师

这位老师的班规制定过程我很感动。感动在于这是一次有温度的班规制定过程，没有提及我们传统意义上的"惩罚措施"。我认为这是把教育的对象当作"人"的一次尝试。教育不是教孩子去做一个完美的人，而是引导孩子去做一个健全的人，这一点我很认同。但是，这里也有一些和这位老师商榷的地方：班规到底约束的是谁？我们在制定班规过程中，常常会说"不准做这个，不准做那个"，很显然，班规约束的是学生。然而，在班级中的老师，不需要受到班规的约束吗？虽然老师有了教师法等约束，但在人格上，我们和学生是平等的，同样处于班级生活中，为何可以不受班规的约束呢？

——余莎莎老师

初任也智慧——初任班主任的 11 个第一次

 学生说

我与班规的故事

我们班的班规制定同样是在开学第二周完成的。在开学第二周的班会课上，所有同学提出想法，再经第一届临时班委与班主任老师协商，去掉重复和不合理的条目，合并类似的条目，共整理出十大板块条约。我班班规涉及了同学们校园生活的各个环节，分为进校、集队、锻炼、上课、课间、安全、生活、公物、作业、离校十大板块。最终，这十大板块条约由热心家委编撰成朗朗上口的"诗歌"，便于同学们记忆并遵守。例如：进校（穿戴整洁重仪表，零食手机莫带来，进校说声老师早，相互问候有礼貌）；上课（课堂专心善思考，勤记笔记乐发言，讲话小差要不得，课堂高效是王道）；公物（公共财产要爱护，如有损坏要赔偿，花花草草勤护理，美丽校园共守护）等。

——张同学

我们班的班规是初一刚入学时制定的。我觉得，班规制定最重要的一点就是民主，一定要让全体同学充分地参与进来。其次，我认为班规要包含班级生活的方方面面，要对同学们方方面面都有作用。最后，我觉得班规中应当含有加分项，如参与校内外活动、捐赠闲置材料等，以促进同学们更好地建设班级。

——杨同学

我班班规由班主任和班委协商形成初稿，全班同学进一步商讨确定终稿，然后打印出来，张贴在班级公告栏。执行过程中强调公开、公平、公正。理想是丰满的，现实却是骨感的。随着时间的推移，班规逐渐被同学们遗忘，约束力越来越低。我觉得，主要有以下几方面原因：一是班规使用过程

中,执行力度不够;二是班规中扣分项多于加分项,时间一久,同学们的积极性被大大削弱;三是班规的板块之间有交叉,有重复,过于冗长;四是随着同学们的成长,班级的各方面情况不断发生变化,一成不变的班规逐渐不再适合班级的发展。

——马同学

班规的原则

班规的重要性不言而喻。无论新教师还是老教师,接班后都会慎重思考并着手制定班规,做好这项重要工作需遵循以下原则:

一是导向性原则。制定班规属于班级文化中的制度文化建设,其内层是精神文化建设,即班级精神的打造,再内层是班级情感文化的建设,这是班级文化的核心。基于以上的认识,我们就明确了制定班规的目的,不仅仅是为了培养学生规则意识、养成良好行为习惯、保障班级正常秩序,更是为了形成优良班风、打造特有的班级精神。

制定班规的过程中,班主任的价值引领最为重要。班规不是简单的外部约束,不是给学生戴个"紧箍咒",而是激发学生内在的成长需求,因为自尊所以自律。

这位老师"没有在主题班会的一开始就'亮'出本次班会的主题",而是让学生列出他们所反感的行为,一步一步引导他们从所反感的行为中找到行为准则,并将其变成正面期待,这种有智慧的做法其目的也基于此。

二是民主性原则。这位老师采用了"群策群力,共商规范"的方式来制定班规,体现了民主性原则,并且在"民主"的基础上,体现了"集中"。这位

初任也智慧——初任班主任的11个第一次

老师和学生一起将列举出的62条小学阶段特别反感的行为进行规整,分类成秩序、礼节、课业、公物使用等方面。

62条班规不太合适。一是条目太多,琐碎也记不住;二是若为不许迟到、不许上课讲话等内容,也与学校的《学生守则》等规章重复。因此,班主任要对学生提出的班规中有些基本规范内容进行删减,加入"学生跳一跳能够得着的"较高的目标追求,对学生发展有前瞻性和指导性。

三是激励性原则。制定班规往往沿用的是底线思维,往往用词强硬,常见"严禁""不许"等等词汇。案例中,这位老师对班规内容进行了字句精简和正面改进,尽可能地将反感的行为改为正面的期待。这位老师使用正面激励的语言,细微之处彰显的是育人的理念。因为,好的班规会激励学生成为更好的自己。

如果班规难免用到禁语,班规出台也需要一定的时间。可以在开学初,师生共同描绘班级美好的愿景,先拟定"班级公约",用诗歌、三字句,甚至歌曲等朗朗上口的形式,从正面倡导班级规范。一个多月后,再制定简明易记的班规。比较细致的行为规范要求,可以融入到班级的各类规则、制度中。

制定班规是第一步,执行班规才是漫漫长路。各班级执行班规的方法不一,奖惩条目都需要有,且实际操作中也需科学合理。值得一提的是,班规成文后,需要充分宣传,学生、家长和任课教师都需知晓和认同,避免在有关奖惩中引发矛盾。

四是完善性原则。班规不能一蹴而就,也不能一成不变。随着学生年龄的增长,学情和班情的变化,就需要对班规进行修订。有智慧的班主任会将修订班规作为一项重要的教育活动,如删减班规,做到一条就删一条,由此来激励同学们不断进步。制定班规的最初导向是指向成长,减少班规的目的是激励成长,最终没有班规是实现了成长。制定班规的目的是最终不需班规,是实现自我管理和成长。管是为了不管,教是为了不教,这才是教育的价值所在。

——罗京宁[1]

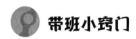 **带班小窍门**

班规的制定：明确、严格、民主、灵活、个性

明确，即要求清晰无争议；严格，即服务于严谨的班风；民主，即由学生和老师共同商议，这样更有利于落实；灵活，即根据班级发现的新问题可以适时调整；个性，即凸显班级特色。

这里给大家提供一例班规：

第一条　做有时间概念的人

（一）早上7:30到校

（二）中午13:00开始自习

（三）晚上按时离校

（四）操场集会要迅速

第二条　做认真履行义务的人

（一）认真值日不偷懒

（二）时刻保持地面整洁

（三）不在班级吃零食

（四）午休期间要安静

第三条　做讲究细节的人

（一）桌面不要放水杯

（二）桌椅时刻要对齐

---

[1] 南京市秦淮区教师发展中心德育研究员，南京市德育工作带头人。

（三）红领巾记得带

第四条　做勤奋努力的人

（一）吾日三省吾身

（二）今日事今日毕

第五条　做对自己负责的人

（一）不倚靠栏杆

（二）认真做眼保健操

（三）大课间跑步认真不偷懒

这些习惯养成后不但有利于树立正能量的班级风气，而且对于学生个人成长也起到关键作用。

 我的思考

"不准"，大可不必！

当天晚上，蔡老师在自己的带班手册上这样写道：

新班级切不可一上来为了给学生下马威，就用条条框框箍死学生。可以根据校规制定一些简单的临时班规，比如："按时到校，及时交作业，遵守课堂纪律。"

有一定的群众基础，并且做了大量的思想动员工作后，也就具备了推行班规的条件，我们就可以制定班规了。

中途接班可以在保留原班规合情合理部分的情况下，根据新情况，制定新班规。"责、权、利"即"我必须做什么，我可以做什么，我做得多得到的回报多"。

本专题所讨论的第一次制定班规，通过案例的讲述、师生的讨论、专家

第一次制定班规

的点拨和带班小窍门,您是否有一些启发与建议呢?

_____

_____

_____

第一次选班委

常常听说有这么一句话"选好班干部,省力又省心"。刚刚开学,蔡老师已经填了无数个表格,这边刚填完表,那边就要通知学生去图书馆接受入馆教育。这不,刚刚又收到了校长的消息:"小蔡啊,一会儿第三节课你在6班上课对吧,我去学习一下。"蔡老师突然不知所措,校长要来我们班听课啊,我要做哪些准备呢?我要有三头六臂就好了,就能处理好这些千头万绪的任务了!

蔡老师非常沮丧地趴在办公桌上,同事们看到蔡老师的样子,心里也就猜出来个七八分了。大家给蔡老师出了一个点子:赶紧选出得力助手来!对于选班委这件事,其实蔡老师有很多想说的。

成长案例

成团出道[1]

在接受师范教育的时候,我一直设想着,要实施民主教育。所以在选班委的时候,要让更多的人得到锻炼,要尊重学生们的选择,依据候选人得票数的高低决定最终班委人选。在这种机制下,主动竞选的学生对自身的工作能力和为班级服务的意愿有着充分的自信,"群众"能根据"候选人"的表现做出公平、公正的判断,因票数不足而没选上的"候选人"也能心平气和地接受结果,刚上任的"新官"也有相当稳定的群众基础。班主任不是一个人在战斗,而是要调动全班所有人,一起投入到班级的建设之中。所以啊,一会儿的班委选举,应该会是"暗流涌动",各路人马"摩拳擦掌"。然而,现实却给我上了一课……

班委选举,没有"激情碰撞",没有"针锋相对",就像温开水一样,很平稳,甚至是很冷清。在两三个人进行完"竞职演说"以后,贝贝,一个看上去有些腼腆的小姑娘,在众人惊讶的目光中走上讲台:"我今天站在这里,要竞选班长一职!我以前当过班长,虽然后来被撤职了,但是我深知一班之长的颜值有多重要。这次想要挑战一下自己,我竞选的理由是:这是一个看脸的时代,长得好人缘自然好,办事情容易成功,我自认为我的颜值在班里处于中上水平,走出去就代表我们班的脸面,大家说是不是这个理?"学生们对这个竞选理由感到十

---

[1] 由金陵华兴实验学校余莎莎老师撰写。

初任也智慧——初任班主任的11个第一次

分意外,但又觉得很新鲜,教室里一时间掌声、欢呼声不断。在这种氛围的影响下,陆续有多个男生上台,其中不乏"调皮捣蛋鬼",他们都自认为"颜值爆表",都想挑战一下重要班委的职位。坐在教室后方观摩选举情况的我不禁疑惑:班委居然都要"靠脸吃饭"了,没有能力,会得到同学们的认可吗?他们可能太天真了。然而,等选举结果出来时,我才发现是我想得太天真了。这真是一个"看脸"的年代!班级所有的班委几乎都被"颜值担当"收入囊中。这些帅哥美女们可以胜任班委的工作吗?其实在选班委之前,我就看了班级同学的档案,选出来的同学从经历和之前的表现来看,似乎并不适合。怎么办?民意已经出来了,立刻推翻就会显得我提倡的"民主"是虚伪的,但接受的话又会影响班级未来的发展。没有人生来就是班委,很多能力都需要培养。这是一个培养能力的机会!于是,我说:"好的,恭喜我们班的班委会成立!"

但是,班级发展却受到了一些阻碍。还没一周,班级德育平台就因为迟到、卫生等问题连连扣分。一些有正义感的同学就到我的办公室里来吐槽了。"这些班委不都是当初你们投票选出来的吗?你们当初为什么选他们啊?"我一直想弄明白这个问题。同学A羞愧无比:"我就是被他们所谓的'颜值'竞选词影响了,觉得比较新鲜,选一下也没事,结果没想到这么多人都选他们了!""等我们意识到有问题时已经晚了,班委还是要以德服人,要靠能力吃饭的。"同学B也追悔莫及。我让学生们保持冷静,然后说道:"谁都不是生来就会担任班委的,都需要学习,我们宽容一些,给这些同学一些帮助,再考察一段时间,实在不行再撤职,好不好?"可爱的孩子们点了点头。随后,我找来这些"被投诉者",一一询问他们上任三天以来的心理感受。班长贝贝一脸郁闷:"我当初就是为了博眼球,觉得好玩才上去竞选,本不抱希望的,谁想到被选上了。我很喜欢当班长,很威风!但是管理同学真的太难了,我不愿意得罪他们。"宣传委员小敏也一脸无奈:"我其实并没有不负责,只是写新闻稿太难了……我写了一个晚上,还让同学帮我修改,我没有推脱的意思。"劳动委员小强无奈地表示:"同学们都不愿意打扫卫生,我去催了,可是他们都不去。我一个人忙不过来啊……最后班级就被扣分了。""我这个人特别喜欢讲话,总管不住自己,提醒同学时,别人只要说一句'你自己也讲话的',我就没有底气了,于是我索性不管他们了,也就更控制不住自己了!"纪律委员宇豪更是十分无奈。听了他们的"委屈"之后,我更加确定他们在工作能力、心态以及人际沟通方面都存在一定的不足,这一切,都源于他们不明白"班干部"的使命。

"你们当初竞选的理由是什么?"我只能从源头上引导。"班长走出去就要代表班级的颜面啊。现在我发现不是这样的,因为班长上台领奖是一回事,班级管理又是另一回事,也是更主要的事情,这不是长得好看就能解决的。"贝贝很不好意思地说道。我很欣喜贝贝明白了这个道理,进一步追问:"那么班委竞选的理由到底应该是什么呢?""热情为同学和班级服务,要有责任心,对吗?"对于她的答案,我给予了肯定,又做了进一步补充:"热情为同学服务是首要的,但光有热情还远远不够,责任心强、敢于承担、是非观念明确都是当班委必须具备的素养。我再给你们两周考察期,得到同学们的认可就留下来,得不到的话就只能撤职了哦。希望你们能证明自己不仅有颜值,还有能力。"我说出了我的决定。

通过新班委们的自身努力和同学们的积极帮助,再加上每三天

> 一次的班委培训推动，班级面貌、学习风气开始向我期望的方向发展。两周之后，当初以"颜值"入选的班委仅有一人确实因为能力不足而主动辞职，其余同学均得到了"群众"的认可。这一次的"竞选"风波终于平息了。

"班委竞选"是比较严肃的班级公共事务，必然要在具体明确的规则下进行，在竞选前就应组织学生讨论班委选拔的标准，明确班委岗位的核心要义是服务、责任和奉献，使学生明白投票时应关注班委竞选者的实际能力和服务同学的诚意。

班委是否要选出得力助手？

对案例中老师选班委的方式我存在一些质疑。我们选择班委要有两个原则：一是"德才兼备"，二是"用人不疑，疑人不用"。"德才兼备"，是我国一直以来选拔人才的标准，那么如果从"德才兼备"的选才标准来看，班委的人选首先应该落在班里的"好学生"身上。那么，是否意味着只有"好学生"才能当干部呢？其实也不尽然。选择班委首先要看是否具有一定的组织能力，还需要心地善良，胸怀开阔，思路清楚，思维敏捷。他要有"德"还要能"以德服人"，而成绩可以放宽要求。但如果仅凭"颜值"来选择班委，是否欠妥？这位老师通过后续的教育，也降低了本次班委选举的不良影响。中学生做事，会多一些感性少一些理性，所以完全的民主选举是否恰当？"用人不疑，疑人不用"，是说班主任对选出来的这些班委要充分信任，放心大胆地把班级事务交给他们。这个原则对于用好班委是至关重要的。有的班主任选好班委后，放权不放心，对他们的日常工作指手画脚，横加干涉，生怕他们工作有什么闪失。一看到班委和普通同学一样犯错误，就不顾班委的面子当着全班同学的面横加指责，这样既严重打击了班委工作的信心，也不利于班委威信的树立，长此以往后果是严重的。可见，信任是多么重要，信任不仅使班委能够自如地运用手中的权力，而且也使他们了解自己的责任有多重，促使他们尽职尽责，发挥每个人最大的力量。从案例中，我们也能看出，对于刚选出来的班委，教师也是心存疑问的。这样的情况，教师是否又能真的完完全全地去让学生组织、策划班级事务？可能最后的结果，还是在老师的帮助下去完成，这样一来，锻炼学生的效果是需要打一个问号的。如果从共性的角度去分析，不一定适用于每一个班级。

——王一超老师

学生的才干不是天生就有的，是从实践中锻炼出来的。通过民主选举的方式，让学生了解要对自己的行为负责，这也符合党对新时代学生的培养要求。当然，这样选出来的新班委，他们的班委经验的确有所欠缺。所以在具体工作中，班主任可以从四方面入手给班干部传授方法。学生毕竟是学生，经验相对不足，班主任要结合具体工作过程、同学，解剖实例、总结经验教训，向他们传授一些基本的工作方法。

其一，"扶着走"。"扶着走"的关键是抓好"第一次"。一个新的班集体组成以后，对于新产生的小干部来说，会遇到一连串的第一次——第一次组织早读，第一次带领学生劳动，第一次组织课外活动等。在"第一次"前，班主任要耐心指导，手把手地教。年级越低，越得细心指导。例如，第一次早读，班主任要告诉班长提前10分钟到校，先将早读的内容和要求抄写在黑板上，等同学们陆续到校后组织上早读，个别同学学习有问题要耐心解答，对纪律有问题的同学要先暗示，后提醒，尽量不发生冲突。早读结束后要进行小结。

其二,"领着走"。这是半扶半放阶段。班委有了一些工作实践经验以后,班主任可在各种具体工作之前,请小干部提前设想,提前安排,自己充当参谋。在班主任的耐心引导下,班委会逐渐成熟起来。

其三,"放开走"。班委有了一定的工作能力后,我就放手让他们大胆地工作。"放开走"并不是撒手不管,要定期召开班委例会,开展批评和自我批评。大力表扬敢于管理、独当一面的班委,在班委中形成比、学、赶、帮、超的局面。班委也是学生,各方面还有待于成熟,如班务工作经验不丰富,工作中缺乏胆量等。学生工作中的这些不足,正是需要班主任"扶"的地方。在扶持班委工作一段时间以后,可以放手让班委独立工作,并告诉他们:由他们负责的每一项工作不会再有第二个人负责,他们的失误将会给全班的利益带来损害,以此来增强他们的责任感,使他们更加主动地开展班级工作。

其四,教会班委说话。首先,要加强班委自信心的培养,使其敢于大声说话。其次,提醒班委不要说"这事我不管"。当班级工作出现缺口,而这项工作又不是他的本职时,指导班委不要轻易地用"这事我不管"来推脱。因为在广大学生看来,班委是一个整体,分工不分家,如果有班委"泾渭分明",就会被认为工作不积极,不敢担风险,不敢负责任,或者被认为是班委会有矛盾,不团结,从而降低班委的威信,减小班委在今后工作的号召力和战斗力。

——何嘉琪老师

我赞成这位老师的做法。我们作为班主任应该明白的一点是班委的选择至关重要,好的班委不仅是班主任的左膀右臂,更是良好班集体建设的重要参与者。刚刚进入新学校,组建一个示范性强的班委十分重要,班委的选举也体现了老班的带班理念,更是马虎不得。利用民主选举的方式,其背后体现的是对学生的尊重,但是,这位老师其实犯了一个小错误——班主任首次任用班委后,还得向班级成员强调一点:这次组建的班委为临时班委,有一定的考察期限,考察期满将由全班同学对其进行评分,合格者继续担任班委,不称职者将会被撤销班委职务,由其他适合此职务的学生担任。这样做一方面给新的班委传达一个信息:不认真履职将会失去这一职务。同时,也向其他班级学生传递一个信息:只要有能力就有机会担任班委。这也为以后撤销不合格的班委打下伏笔,让其有一定的心理准备,也使得班委调整工变得合情合理。

——侯亚春老师

 学生说

我其实很想当班委!

当了班委很光荣,说明我比其他同学厉害。每天在管理班级纪律的时候,我的感觉都特别好。

——点点

老师和同学们都选我做中队长,我很开心,他们都很喜欢我,下了课也都喜欢找我玩。

——威威

做班委是同学和老师对我的信任,所以我平时都是严格要求自己,帮助同学,同学有矛盾我也会帮着处理,而且我愿意做老师的小帮手,这种感觉很好。当然,学习成绩必须优秀,要能成为同学们的榜样,大家才能听你的。

——张同学

小时候很想当班委,但是长大了就不想当班委了。因为我比较内向,怕与同学们相处不好,也当不好这个班委。我怕到时候没有人听我的,反而不利于班级的发展。

——赵同学

初任也智慧——初任班主任的11个第一次

说实话，我很乐意为同学、为班级服务。但是高三的学习压力真的很大，想利用空闲的时间来学习。我的成绩本来就不算特别好，所以在这个时候比较着急。有时候晚自习时间还要抽出时间来叮嘱那些"捣蛋鬼"，确实有点心累。

——李同学

班委在班级起到一个很好的榜样作用，所以每个岗位的班委应该是由这个方面比较优秀的学生担任，如学习委员就应该学习比较好，生活委员就应该认真、仔细、关心他人，劳动委员就应该讲卫生、爱劳动，体育委员可以是运动能力较强的，文娱委员就是有一些特长的学生。我成绩又不好，又没什么特长，每次竞选班委的时候，我觉得我做一个旁观者就可以了。

——王同学

 专家说

祸兮福兮？

案例中老师第一次选班委，情节跌宕起伏，始因班级民意要以"颜值"选干部，继而民意要"罢免"这些选出的干部，终为经过讨论和培训，班干部健康成长，班级面貌渐好。我们先为班级担心，终为班级高兴。从"实践是检验真理的标准"来看，这次"班委竞选"工作是成功的。班主任老师第一次做此工作，他对学生的尊重、对问题的反思、对补救工作的细致有效，可圈可点，值得称道。

说它成功，正如这位老师所说："班级面貌、学习风气开始向我期望的方向发展。两周之后，当初以'颜值'入选的班委仅有一人确实因为能力不足而主动辞职，其余同学均得到了'群众'的认可。"这是看得见的喜人变化。

说它成功,还在于同学们思想上的变化与提高。经过老师的培训和引导,同学们认识到,当班委,光有颜值还不够,重要的是要能够热情地为同学和班级服务,责任心强,敢于承担,是非观念明确……选举人和被选举人经过实践而得到的认识,其记忆是深刻的,影响也会是长远的。可以预期,这个班的同学,因为有"班委竞选"事件的经历,今后他们到了社会上,遇到选举,会多点思考,会更好地行使一个公民的权利。

说它成功,更在于班主任老师的认识也得到了提高。"班委竞选"这种班级公共事务,必然要在具体明确的规则下进行,要将"尊重民意"同"遵守规则"结合起来。要欢迎同学们以自己的意愿选择班委,但首先要让同学们经过学习讨论,明白班委的职责及其对班级健康发展的重要性。在此基础上,同学们才可能理性选择班委。

这样看来,把"班委竞选"这件事说成"风波",概括得还不够全面。老子有云,"祸兮福之所倚,福兮祸之所伏",事件的发展,我们不是看到了实实在在的"福"了吗?

——黎鹤龄[①]

案例中老师听了大家的点评后,意识到自己选班委存在一定的偏差。在选举正式班委之前,应该组建临时班委会。学生们刚刚进校,彼此之间不是很熟悉,难免会有害羞的情绪,直接让他们去民主"选举"是有问题的。那么,初任班主任应该怎么选拔班委呢?

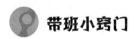

带班小窍门

班委竞选活动

建立班委会是班主任开学第一周的首要工作之一。在此之前,与学生

[①] 南京师范大学班主任研究中心兼职研究员,南京市玄武区教育科学研究所原副所长。

的初步接触和调查了解中,班主任可能已经发现了一些同学具备一定的领导能力,同学之间也开始相互认识,现在要让一些同学正式上岗,协助班主任做好班级管理工作。这里给大家分享一些选出得力班委的小窍门。

1. 组建临时班委会

班主任已经看过学生的资料,知道班级中哪些人担任过什么职务、获得过什么荣誉,加上面对面的交流与观察,心中应该是有一些人选了。班主任可以提前做一些铺垫工作。比如,在开学前和报道的第一天有意识地请几个同学帮忙,不要随意指定,这些同学可以给其他人留下一些印象。这种印象,对于学生认可新班级的临时班委很有帮助。

2. 班委竞聘规则

(1)某职务无人申报,由班主任直接任命。

(2)某职务只有一人申报,需要发表竞聘演讲,全体同学投票,赢得半数以上选票者可以当选。不到半数不能当选,仍然由班主任直接任命。

(3)某岗位有两人参与竞聘,竞聘演讲后全体同学投票,票数高者当选。

(4)某岗位竞聘者超过两人,采用两轮投票的方法选出当选者。所有竞聘者演讲结束进行第一轮投票,选出票数最高的两人入围第二轮(n 进 2)。第二轮投票前两位竞聘人再分别做 1 分钟演讲,得票高者当选。

说明:这个规则是经过反复研究和实践后确定的。它可以保证:

(1)不会出现岗位空缺。

(2)当选者一定是受到大多数人支持的,不会因为某个岗位的参选者在没有竞争对手的情况下直接当选。

(3)无论某个岗位参与竞聘的人有多少,最多用两轮投票的方式即可确定,简化了竞聘流程。

3. 发放班委聘书

选好了班委之后,可以给学生发放任用聘书。用一些仪式感,增加学生的责任感。

 **我的思考**

发展学生的潜力，才是选拔班委的真谛

当天晚上，蔡老师在自己的带班手册上这样写道：

德国著名教育家斯普朗格说："教育的核心是人格心灵的唤醒，教育的最终目的不是传授已有的知识，而是要把人的创造力量诱导出来，将生命感、价值感唤醒。"我们需要用创意的方法，帮助学生对自己进行深入的观察，分析自我，反省自我，从而让自己丰富起来。经历了这样的内化过程，不管是班委，还是其他同学都能得到一定的发展。

本专题所讨论的班级第一次选班委，通过案例的讲述、师生的讨论、专家的点拨和带班小窍门，您是否有一些启发与建议呢？

_____

_____

_____

第一次组织班会

作为一名刚参加工作不久的新教师,每天都会有若干问题亟待解决。

"老师,这次班级班委选举,我没报名。票数高您也不能把我推上去,我不做班委。"

"王泽被别的班小朋友打了,他硬是没还手啊,老师。"

"美术张老师说我们是她教过的最糟糕的班级。"

"老师,这次广播操比赛您就别带着我们练习了,之前每次都是倒数啊,练了也没用。"

"王娇娇桌肚里面每次都是垃圾,说了也不听。"

"老师老师,我的东西近期总是无缘无故地失踪,我妈妈从广州出差给我带的漂亮的笔又不见了,您能不能在班级帮忙查一查?"

每天上班,这类问题就没断过,全是班级孩子们每天遇到的各种各样的问题。究其根本,就是班级的凝聚力和向心力不强,外在的一系列环境影响到学生,导致他们缺乏自信,对于自己的认知不够明确,不能及时看到他人身上的闪光点,看到的都是问题。那么,应该如何改变这一现状呢?主题班会就是其中的一种方法。

主题班会活动是一种体验式的教育,学生亲身参与、感受,是最直接也是最有效的教育。有经验的班主任常常在开展主题班会前进行大量的思考,以期在班会实施过程中达到最佳的教育契机。在设计主题班会时通常都有一个具体的内容计划和大致的安排表,还会根据实施过程中的具体情况大胆打破原来的计划,主动改变班会的时间进程,因势利导,放大教育影响。主题班会活动的成功与失败需要总结,学生在活动中的感悟需要提炼,班主任对学生思想的提升、引领也要在活动后进行。

 成长案例

有话好好说[①]

我刚当班主任不久,就接到学校要组织朗诵比赛的消息,我寻思着,刚接手新的班级,对班级情况不甚了解,正好趁机了解一下我们班

---

① 由南京理工大学实验小学陈林林老师撰写。

初任也智慧——初任班主任的11个第一次

级哪些学生是语言类的好苗子。

于是,我兴冲冲地走进教室,扫视了一下全班,然后清了清嗓子:"现在有一个个人朗诵比赛,需要同学们积极踊跃报名参加,愿意的请举手。"话音落下,我惊讶地发现,我刚刚说的话仿佛落进了一潭死水中,没激起半点涟漪,班级竟无一人举手。"这次朗诵机会非常难得,是我们展示自己的一次绝佳的机会。""李姝忆,听说你的朗诵水平很不错的,要不你来试试?"我一边说一边看向班级里的李姝忆,没承想,她的脸涨得通红,迅速将头低了下去,就差要到桌肚里面去了。

"老师,她数学总考不及格。"

"李姝忆哪能代表我们班去参赛呀?"

"我们这个班在学校比赛中从来没拿过名次,我们不行的。"

……

我话音还没落,同学们就七嘴八舌地议论起来。我还未来得及反应,只听见李姝忆大喊一声:"你们都别说了,我又没想去参加比赛。"她边哭边跑了出去。我赶紧请班长去请副班主任来班级维持一下班级纪律,然后我追了出去……

好不容易追上小姑娘,我没有批评她,刚刚那种情况也真的是太为难她了,也太伤自尊了。我带她去了我的办公室,给她喝了点水,安抚了一下她的情绪。然后我去找了孩子们的低年级班主任——夏老师,她告诉我这个班级情况比较特殊,班级学生不太"出挑",遇到大型活动都不太自信、不太积极,似乎也没有那么强的凝聚力和集体荣誉感。如何改变这一现状呢?主题班会是其中的一种有效方法。

于是,带着这一问题,我的第一次主题班会活动开始了——我设计、实施了以"帮助学生树立自信"为目的的主题班会。

毛毛虫的精彩蜕变——破茧成蝶

[活动背景]

经过一段时间对班级学生的了解、观察,我发现班级的氛围不够好,一部分学生喜欢打闹,静不下来,有时不能很好地遵守学校的各项规章制度,而有一些学生则不敢参与学校、班级开展的各项活动,即使是有某方面特长的同学,也是信心不足,总怕出丑,总认为自己的能力不够。针对这一情况,我准备了一节以"毛毛虫的精彩蜕变——破茧成蝶"为主题的班会。

[活动目标]

1. 借助事例让学生知道什么是自信以及自信的重要意义。

2. 通过活动,使学生能够认识自我,接纳自我,建立自信心,以健康心态面对人生,迎接挑战。

3. 通过同学相互间的赞美,感受被他人认可的快乐,同时学会欣赏他人,接纳他人。

[活动准备]

1. 选定主持人。

2. 准备标签卡、小镜子。

3. 绘本《独一无二的我》。

4. 收集歌曲:《我真的很棒》《明天会更好》。

[活动过程]

(一)认识自我,揭示主题

1. 照镜子:对着镜子指一指自己的五官。请大家思考:你认为自己长得好看吗?帅气吗?对着镜子皱一皱眉头、露一露牙齿、吐一吐舌头、做一做鬼脸。

2. 绘本欣赏：无论镜子中的自己是怎样的，现实中那就是我，独一无二的我，自信的我。（播放绘本音频：《独一无二的我》）

3. 那么，什么是自信呢？

（屏幕出示）自信又叫自信心，是相信自己有能力实现自己愿望的心理，是对自己力量的充分肯定。

【设计意图】一开始以照镜子导入，不仅为了营造一种轻松、愉悦的课堂氛围，也巧妙地引出班会主题——相信自己可以做到，能成为最棒的自己。

（二）游戏导航，感悟自信

1. 小游戏："极限挑战"。

游戏方式：将全班同学分为四组并选出组长，由组长抽签选择挑战的游戏，学生做完游戏后分享。

游戏一：一组同学估算一下自己在10秒钟内鼓掌的次数会是多少，然后测量自己10秒钟内实际能鼓掌的次数。

游戏二：一组同学做仰卧起坐，看一分钟以内哪一位同学做得最多。

游戏三：一组同学从1开始按顺序写数字，看哪一位同学在30秒内写的数字最多。

游戏四：一组中的每一位同学轮流读完小古文《司马光砸缸》。计时，看哪一位同学用时最短，并且口齿清晰不出错。

教师小结。

2. 请说出你的潜能。

（1）说一说身边同学身上的优点，学生自由讨论并发言。教师出示PPT并相机出示班级同学的照片:有专心致志听课的,有主动捡拾垃圾的,有课间文明玩耍的,有课间认真阅读课外书的……

教师:发现别人的优点并准确地描述出来,真好!

(2) 根据加德纳多元智能理论,我们每一个人都具备优势才能,因此,请你客观评价自己的潜能并写下来。如果你不太清楚,也可以询问自己的同学。

我叫_____,我的优点是_____。即使遇到再大的困难,我都有信心战胜它!

(3) 学生写完之后,根据自己的意愿决定是否和同学们分享。

(4) 教师小结:人类的潜力无限,只要相信自己,一切皆有可能。

【设计意图】借助小游戏,让学生通过自身体验认识到:人的潜力是无穷的,只要肯努力,不抛弃不放弃,对自己充满自信,就一定能成功。

(三) 通过引导,感受自信

1. 观看视频:《苏炳添:我没有什么做不到》。

提问:看完苏炳添的小故事与视频,你觉得他在不具备优势的情况下,还能取得如此巨大成功的秘诀是什么?

教师小结:无数次超负荷的训练,日复一日、年复一年的坚持与努力以及他强大的自信。

2. 那作为小学生的我们如何增强自己的自信呢?

学生讨论。教师小结并补充一些可以增强自信的方法:

(1) 上课多积极举手回答问题。

(2) 多参加学校、班级组织的活动。

(3) 活动时多在显眼的地方。

(4) 给自己一个微笑。

(5) 学会积极的自我暗示。

(6) 感受别人的欣赏。

(7) 成功的体验。

……

3. 集体学习手语动作：我真的很棒。

【设计意图】这部分既教给学生培养自信的方法，也在音乐声中升华自己的情感，相信自己！而老师和学生集体做"我真的很棒"的手语动作，更是一种积极的心理暗示，强化学生的积极情绪。

（四）总结提高，感悟升华

1. 人的一生，难免有挫折。经历挫折，就如同在风雨中行走，只要你无所畏惧，勇往直前，迎接你的必将是阳光灿烂的一天！老师期待着你们在以后的人生道路中，永远保有信心，不轻言放弃。齐读（PPT 出示）——

古之立大事者，不惟有超世之才，亦必有坚忍不拔之志。——苏轼

强烈的信仰会赢取坚强的人，然后又使他们更坚强。——华特·贝基霍

2. 播放歌曲：《明天会更好》，学生跟唱，并做动作。

教师小结：不是因为有些事情难以做到，我们才失去自信；而是因为我们失去了自信，有些事情才显得难以做到。希望同学们在今后的日子里，扬起自信之帆，做最好的自己！

【设计意图】让学生在音乐的轻松氛围中，和着音乐的节拍，一起结束今天的这节主题班会课。相信在音乐的渲染下，学生的自信心再一次得到提升。

一般来讲,主题班会是指围绕一个专题,在班主任的组织和指导下,根据学生的兴趣和身心发展特点,以班集体的智慧和力量为依托,以学生为主体,经过一系列精心设计、策划的班级教育活动。主题班会作为实施班级德育和开展班级活动的一种重要形式,被列入国家课程计划,作为与必修课同等重要的课程板块。主题班会的设计、组织和实施是班主任的一项日常工作内容。老师、学生和专家对这次主题班会有什么看法呢?

老师说

如何组织"有意义"又"有意思"的班会?

案例中老师班里有一位朗诵很精彩却不愿意展示自己的同学,她成功引起了老师的关注。这是班主任职业敏感性和工作责任感的体现,一节主题鲜明的班会课便应运而生。班会课的主题内容不外乎两种——建构与纠偏。所谓建构,即主题班会要对学生进行做人、学习等方面的正确引导,引导学生形成正确的人生观、价值观和世界观,教给学生基本的学习方法,要在学生心灵的白纸上描出美丽的图画。而纠偏则是针对大多数学生某个时间段出现的问题,如思想认识、学习态度、纪律、文明礼貌等方面的问题,及时纠正,解决,将学生心灵白纸上出现的墨点、败笔擦除。案例中的班会课以上两种内容兼而有之,是一节融合价值观建构和阶段性纠正不足的好课,有较强的时间性和针对性。这次的"朗诵风波",对周边同学以及整个班风、学风都带来了一定的影响,这时及时跟进班会课教育,在时间上显得非常及时,在教育对象上也显得重点突出,很有针对性。

——许小娟老师

一个班级的形成很简单,一个班集体的形成却很复杂。如何创建一个优秀的班集体,需要班主任的智慧与行动。案例中老师就是这样一个集智慧与行动于一体的老师,他以敏锐的观察力从班级的个体学生到班级的整体中找到问题,能主动请教、善于思考去解决问题。他发现集体活动在班级形成中起着非常重要的作用,能像一股暗流引领着班级里几十股清泉流向班集体这一中心,导向着班集体的舆论。而主题班会就是一种最好的集体活动,一节优秀的主题班会引领着班集体正确的思想观和价值观。这位老师的这节课中,能够围绕"自信"主题精心设计,通过认识自我、学习绘本故事引出自信话题,让自信扎根于我们的心中。整个过程富有条理、层层递进、环环相扣,通过多种方式使学生认识自我,接纳自我,建立自信,并通过同学间的相互赞美感受被他人认可的喜悦。尤其在同学间相互夸一夸的环节中,这些正确的舆论导向对于小学生,对于班集体的形成都很重要。课件上展示的是孩子们平时表现好的记录,如上课认真发言、乐于帮助他人、守纪律、讲卫生等优秀的行为举止。把正确的是非观念传递到学生心中,同时通过别人的夸奖树立学生的自信心。班级像一座长长的桥,通过它,学生跨向理想的彼岸;班级像一条宽宽的船,乘着它,学生越过江河湖海,奔向可以施展自己才能的高山、平原;班级像一个大家庭,同学们如兄弟姐妹般互相关心、互相鼓舞,一起见证成长的美丽。希望每一位班主任都能用心培养一个班集体,让每一个孩子在和你相遇的这些时间中,绽放教育的美丽。

——张莹老师

我们都知道班主任的管理工作对于一位新教师来说是最具挑战性的,作为新教师首先能够自己认识到班级存在的问题,这是极难能可贵的;接下来又向班级管理经验丰富的老师求助,这又是好学谦逊的;最后从老师的语言中领悟到要开展积极向上的主题班会,这无疑又是灵活聪明的。在他各方面的学习和与孩子们的沟通中,"毛毛虫的精彩蜕变——破茧成蝶"的主题班会的设计确实很巧妙,该活动设计紧贴四年级孩童特点,内容生动活泼,反馈出的主题积极乐观,对于提升班级凝聚力有很大的帮助。尤其是"请说出你的潜能"这个环节的设计,乐观积极,催人奋发向上。设计开始让学生用两分钟时间仔细思考,班上哪些同学的身上有优点值得自己学习的,接下来进入互评阶段,说他人优点。这不仅让同学们通过相互间的赞美,感受被他人认可的快乐,同时学会欣赏他人,接纳他人,还能够大大提升孩子们的语言表达能力与自信心。在自信培养的过程中,最后让孩子们说说自己身上的优点,让孩子们能够正确地认识自我,在建立自信心的基础上以良好健康的状态去学习和生活。我们都知道,老师不仅仅是给孩子们传授知识的人,更是给孩子们带来正确指引的人!不难看出,这位老师是一位非常具有爱心和责任心的老师,如何将老师的这份爱与责任心传递给孩子,让孩子们从小就具有爱心与责任感,在这个班会案例中得到了最好的体现:孩子们在表扬与自我表扬时,自信心得到了提升,正能量达到了最好的激发。无疑,这次的主题活动是积极向上的,是成功的!

——王婷老师

身边的问题是班会选题的来源之一。班主任在日常管理中发现问题,利用班会解决问题,有利于良好班风的形成,更好地建设班集体。案例中老师设计的"毛毛虫的精彩蜕变——破茧成蝶"是系列主题班会,他不仅关注身边的事,还关注学生发展的需要。选题的优劣实际上也决定一节课的成败。这位老师切入点小,学生通过认识自我的形式能初步讨论什么是自信,在愉悦的氛围中开启别样的"寻找"之旅。

——邱晓红老师

通过案例中老师的文字叙述,当天的情景又浮现在我的眼前:那天,我作为副班主任,也在现场,目睹了事件的全过程。小李情绪激动,她跑出去后,班主任老师把班级交给了我,追了出去。整个过程我们刻意淡化,将影响降到最低,旨在保护李同学的自尊。正因为此事,促成了这节主题班会的产生。

——陈胜老师

初任也智慧——初任班主任的11个第一次

 **学生说**

老师是怎么知道我在想什么的?

我觉得老师为了调动班级孩子们参与班级事务的积极性,为了培养同学们的集体荣誉感,让班级变得更有凝聚力和向心力,做了所能做的所有的事情,从发现问题到请教同事,然后根据班级现状制定的以"毛毛虫的精彩蜕变——破茧成蝶"为主题的班会,体现了老师的用心与细致。相信同学们在老师的教导之下,一定会展示自己所长、各有发展的。

——罗同学

这节班会课活动形式有点单一,我觉得老师还可以邀请有特长的同学上台表演,凸显个人特质,提升自信。

——孙同学

在这次朗诵比赛事件中,老师很明显听到了我们的抱怨,听到了我们对李同学的否定说辞,但老师并没有生气,也没有第一时间批评我们。相反,老师通过组织开展班会课,走进我们,倾听我们,帮助我们。

——陈同学

班会中有一个环节,叫"说说身边同学身上的优点",一开始我们面面相觑,不知道老师葫芦里卖的什么药,更不知道怎么评价身边的同学。老师用直观的图片帮助我们发现身边同学的优点,说明老师平时就在认真地观察我们每个人,见到闪光的地方就及时用手机记录下来,我觉得这一点很赞。

——王同学

专家说

有效班会课的特点

案例中老师设计的《毛毛虫的精彩蜕变——破茧成蝶》主题班会在主题的选择方面以建立正确的自我意向为出发点,以培养自信并丰富自己的内心世界为归宿,不仅切合小学生在成长过程中的特殊心理发展需求,而且有着深刻的人生寓意。归纳起来看有以下几个特点:第一,目标定位源于真实的教育生活,有针对性,主要是帮助小学生在自我意识上更新自己的认知和认同感,克服困难心理。第二,活动准备和活动过程始终以问题的自主解决为导向,体现了尊重儿童和促进儿童主动成长的原则。第三,以毛毛虫寓意美好的童性更能够在情感上促进儿童参与活动,更能使儿童获得成长的内在体验。整个班会程序的设计风格较为明亮,符合小学生的年龄特征。

——朱曦[①]

带班小窍门

议会:议事型班会

每个班主任每周都要开班会,班会怎么开?新手班主任难免会遇到这样那样的难题,我们一起尝试探索,什么样的班会有意思,也更有意义。

有效班会的八大要素是:

[①] 南京师范大学教授。

初任也智慧——初任班主任的11个第一次

一是学生围成一个圆圈；

二是练习致谢和感激；

三是设立一个议程；

四是培养沟通技巧；

五是懂得每个人都是一个独立的个体；

六是角色扮演和头脑风暴；

七是分辨人们之所以做一件事情的理由；

八是专注于非惩罚性的解决方案。

班会指导原则是：

一是学生围成一圈，老师和学生同高度地坐在圈中；

二是让学生来主持班会；

三是主持班会的学生通过让大家传递发言棒而开始致谢；

四是受到感谢的同学要说声"谢谢你"；

五是老师或主持的学生负责议题，宣读下一条需要讨论的内容；

六是议程宣读过后，写这条议程的学生可以做三个选择：将他的感受告诉大家，讨论问题，但不做定论，请求大家帮助解决问题；

七是老师不要对学生提出的建议进行评论；

八是每条建议都写在议程本上；

九是发言棒要传递两圈；

十是把问题写在议程本上的学生自己选择自己觉得最好的建议。

 我的思考

学生是主角

当天晚上，蔡老师在自己的带班手册上这样写道：

我有时会把班会开成批判会、优差对比会、班务工作总结会。有时没有准备，班会内容粗糙而空洞，成了我的独角戏，这是万万不可的。希望我以后可以在班会上发掘学生隐藏的才华，稀释学生不良情绪，实现学生的自我价值。

　　本专题所讨论的班级第一次组织班会，通过案例的讲述、师生的讨论、专家的点拨和带班小窍门，您是否有一些启发与建议呢？

_____

_____

_____

第一次组织班级活动

班级积分榜又到了该结算的时候了,如何给孩子们准备他们最喜欢的礼物呢?蔡老师灵机一动,做了个小调查,看看孩子们最想得到什么礼物!趁午休时间,给每位孩子发下了一张便利贴,让他们写上自己最想要的礼物,蔡老师满心期待着,这下子可以"投其所好"了。便利贴收上来一看,大大出乎蔡老师的意料,原以为呼声很高的"文具盲盒""奥特曼卡片"会占据榜首,没想到有接近三分之二的孩子写的是:想和蔡老师在一起玩一天,甚至还有同学把"一"杠掉,改为了"十"。

蔡老师的心不禁受到了触动,可爱的孩子们,他们是多想和自己亲爱的老师一起出去享受美好的时光呀,作为班主任的蔡老师又何尝不想呢!可是,怎么带孩子们出去玩呢?去哪玩,玩什么,怎么组织……这应该算得上是蔡

> 老师带班组织的第一次班级活动,可要好好考虑清楚,既要以孩子们的安全为先,又要能保证活动的组织开展丰富有意义。

每一个学生的成长,每一个班集体的组织与建设都不是在静止的状态中进行和完成的,而是在活动的状态下进行和完成的。那么,如何巧妙地利用班级活动这一有力抓手来增强班级的凝聚力,更好地建设班集体呢?

 成长案例

我现在最大的心愿[①]

初夏蝉鸣四起,日头逐渐升高。和孩子们已经认识了快一年的时间,是时候组织一次班级活动凝聚人心、汇聚人气了。那么,什么样的活动能够让孩子们开心、家长们满意呢?我在家长委员会的微信群里抛出了我的想法,几名家委立刻投入到热烈的讨论中来,大家一拍即合,决定利用周末的时间全班一起去玄武湖徒步。在徒步的中间休息时间,还设计了一些拉近亲子关系的娱乐游戏,如老鹰捉小鸡、两人三足、你画我猜等等,全部都是由家长带着孩子协同完成的

---

① 由南京师范大学附属中学新城小学南校区朱国红老师撰写。

初任也智慧——初任班主任的11个第一次

游戏项目。为了激励孩子和家长的积极参与，我还和家委们商量了游戏胜出的奖励，印发了奖券，孩子们可以凭奖券回到学校后领取相应的小奖品。当然，外出活动，安全第一，在确保每位同学都至少有一名家长看护的前提下，我们在班级群里发起了报名接龙，几乎所有的家长都积极报名参加，很多周末上辅导班的孩子也调整了课程来参加。一切准备就绪后，我在班上和孩子们宣布了这件事情，所有的孩子知道之后兴奋得一蹦三尺高，要知道，这可是我们班级自己组织的第一次班级集体活动。

孩子们盼星星盼月亮终于迎来了这激动人心的一天。一大早，孩子们和他们的爸爸妈妈就按照约定的时间纷纷出现在了玄武湖公园的大门口。孩子们的脸上洋溢着兴奋和快乐，每个人都迫不及待地和自己亲密的小伙伴打招呼。为了最大程度地保证每个孩子的安全，我们规定了孩子们统一着装，即穿着去年运动会时班级购买的绿色运动套装，既方便运动，又便于统一管理。

所有人到齐之后，我们便排好队伍浩浩荡荡地出发了，孩子们走在前面，爸爸妈妈们分为前中后三部分跟着队伍走。在徒步的过程中，所有人有说有笑，孩子们在分享周末的新奇经历，家长们在交换育儿的心得体会。许多在学校中的好朋友，他们的爸爸妈妈是第一次见面，家长们也通过这次活动更加深入地了解了孩子及这个班集体。

在中间游戏环节，我们主要的队员是孩子和爸爸，妈妈负责后勤和拍照，这也得到了所有妈妈的赞同和支持。我和很多孩子聊天得知，爸爸一般很少这样带他们玩耍，即使是周末，也会经常出差加班。所以有了这样的机会，孩子们玩得格外开心。在场上，有身手敏捷但故意放缓动作的"老鹰"爸爸，也有全力呵护每一只小鸡仔的"鸡妈妈"

> 爸爸,有两人三足中节奏掌控到位轻松带娃赢得胜利的爸爸,也有仰卧起坐中怎么也坐不起来的爸爸……每一个看似不苟言笑的爸爸,在和孩子们的游戏中,也变成了一个个大男孩。在徒步的最后,我们找到了湖边一处开阔的草地,站好了队伍,拉起了班旗,留下了我们第一次班级活动最珍贵的大合照,为我们的班级活动画上了完美的句号。
>
> 夕阳西下,孩子们跟着爸爸妈妈依依不舍地各自回家。我在班级群里建立了一个活动主题相册,家长们将所有拍摄的照片及视频上传到其中,并选取了一些精彩的照片制作成一个视频,配上了有趣的解说字幕,发在了班级群里。在那天的朋友圈里,我也被家长们对于当天活动的记录刷屏,纷纷感谢老师组织这样有意义的班级集体活动,并对下次的活动提出了期待。而孩子们呢?他们的心里话都藏在了周一上交的周记中,一个孩子这样写道:"如果你现在问我最大的心愿是什么?那就是和老师一起待十天。"而且,他是先写了"一",然后杠掉,改成了"十"。看到这句话,我不禁笑了出来,孩子们的单纯、善良和美好以及他们对于父母、老师、班集体的喜爱就在这样一次班级活动中被激发了出来,我也同样无比期待着下一次。

苏霍姆林斯基说过:"没有活动就没有教育。"开展成功的班级活动要素有以下几点:

一是,活动要有明确的目的。班级活动的教育意义是丰韵的,可以是解决某个班级问题,可以是提高学生的思想水平,也可以是增强学生的审美情趣。

二是,班级活动要做好充分的准备工作。提前告知学生或家长,创设良好的活动氛围,精心准备与活动相关的会场等。

三是,班级活动形式要贴近生活,丰富多彩。根据学生的年龄特点,鼓励学生献计献策,采取学生喜闻乐见的形式,让活动的教育性与趣味性兼得。

四是,班级活动的设计要面向全体学生,全员参与。以学生身心的发展为本,面向学生完整的生活世界,坚持学生亲历活动过程,让学生在活动中感受到集体的力量。

五是,班级活动之后要做好小结工作。对已经做过的工作进行评价,肯定成绩,总结经验,明确下一个活动应努力的方向。

班级活动是凝聚班级力量、团结班级人心的有效法宝,案例中班主任抓住了第一次班级活动这样一个教育契机,赋予了爸爸们在活动中丰富的角色和地位,使得家校共育在活动中得到最大的延展。从活动的前期策划,利用家委会智囊团基本确定了活动的步骤和基调,进行相应的准备,到活动开展时,尽可能地保证每一个家庭都能积极参与到活动中来,获得丰富的活动体验。最后活动结束,班主任进行了资料的收集和整理,将活动总结和反馈发与家长,使得大家在参与活动之后,明白其中的教育意蕴和内涵,也为后续家校共育的开展奠定基础。

苏霍姆林斯基说过:"我们的教育信念应该是:培养真正的人。让每一个从自己手里培养出来的人都能幸福地度过自己的一生。"那么,让孩子们在学校生活中获得幸福,让孩子们全面发展其才能,吸引孩子们为集体倾注心血的最佳途径是什么呢?是活动。

学生的成长面临着两个世界:知识的世界和生活的世界。知识的世界引导学生获得知识、开启智慧、拓展心智视野;生活的世界启迪、培养学生的生活感受力,增进、丰富个人的生活体验。知识的世界与生活的世界的融合,才能培养完整的人。可以说,班级活动把知识的世界与生活的世界联系了起来。作为班主任,我们需要从知识的世界出发,引导每一个人面对生活的世界,体验生活、发展个性、舒展自我,成为真正意义上的人。所以说,做好班级活动的设计与组织对学生个人的成长、班级良好人际关系的建立、班集体的形成有着重要的意义。

 老师说

班级活动"为何"和"何为"

苏霍姆林斯基曾说,一个好教师意味着他热爱孩子,感到跟孩子交往是一种乐趣,善于跟他们交朋友,关心孩子的快乐和悲伤,理解孩子的心灵,时刻都不忘自己也曾是个孩子。这位老师就是这样一个好教师,她带着孩子一起参与活动,体验快乐。班主任作为班级教育活动的组织者、协调者,其重要的角色内涵在于协调好各种教育关系。这位老师与家长、学生顺利和谐的沟通交往,决定着本次教育活动的良好效果。

但有一点值得提出疑问的是,活动要有明确的目的,这次活动究竟是为了解决什么问题呢?增强了孩子的哪些能力?提高了孩子的哪些认识?

——邢巧荣老师

这位老师对于班级的第一次集体活动是做了充足准备的,这一点非常值得初任班主任借鉴。班级活动的意义在于凝聚班级力量,浸润班级文化,让学生在活动中成长,让教育自然地发生。对于第一次活动,这位老师"拖延"了一个学年才进行,是对班级做了充分了解后才决定开展的。这位老师充分调动了家长的积极性,尤其是家庭教育中容易缺失的父亲角色,不得不说非常智慧。为了确保活动的有序,这位老师也是做了万全的准备,因此,家长和学生的体验才会非常美满,才能真正体现活动的价值。教育需要利用班级活动的契机将班级成员的群体意识、价值取向、审美观念、制度文化等班级的"软文化"一点点浸润。也正是一次次的班级活动才会让一个班集体焕发出无穷的力量和生机,最终达到共同成长与发展的目的。

——高璇老师

一次班级活动让班级、家长和可爱的孩子们融为一体、同向共行,这是一种具有可操作性的家校共育方式。一个班集体的建立与成长的过程离不开教师、学生的共同努力,更离不开家长们的理解与支持。作为一名班主任,如何让家长了解学生在校生活,如何帮助他们更科学、有效地参与孩子成长的每一个关键瞬间是我们努力的方向。

在这位老师的故事中,我体味到一个年轻的班主任对学生满满的爱心,通过三人两足、徒步、老鹰捉小鸡等活动让爸爸们放下繁忙的工作,走进班级、走近孩子,与此同时活动的地点也设置在了公园,时间和空间的转换也给学生一个能和集体一同感悟生活、体味生命之美的宝贵机会,细节之处彰显了班主任的用心。活动结束后的个性化总结也体现出班主任的巧思妙想——通过数字化呈现的方式记录活动的精彩瞬间,并且根据班级学生的年龄特点和情感需要让孩子们的情感得到充分抒发,让读者隔着屏幕都能充分感受到孩子们在活动中的那份喜悦、在游戏中的兴奋,和对班主任溢于言表的喜爱。我想,集体的向心力与凝聚力也就形成了。

——张健平老师

 学生说

说起玩儿,那我可就不累了

这个周末我实在是太开心啦!我不仅见到了朝夕相处的同学,还和他们的爸爸妈妈一起做了许多有意思的游戏,那天的玄武湖似乎也变得格外迷人!但快乐的时光总是那么短暂,活动结束,我们只能依依不舍地踏着夕阳回家。在回家的路上,我便和爸爸妈妈约定,如果下次再有班级活动,我一定要第一个报名!

——袁同学

我觉得这次活动让我开心的不仅是和同学们一起玩耍,还有一种成就感。就是那种和同学在一起努力,完成了同一个目标的成就感。这是我爸妈周末单独带我出去玩时体验不到的。虽然我自己玩也很不错,但是,如果大家在一起,我们可以玩的游戏种类就更多,而且更有目的性。所以活动结束之后,大家才会这样依依不舍,这种成就感是我在班级活动中得到的最大的感受。

——顾同学

如果有机会,我想要组织一些自己没有做过的活动,这样同学们会更愿意参与。在活动的时候,可以给我们更多自由活动的时间,自己去组队,然后完成任务,我觉得这样会更有意思。当然,肯定要注意安全,因为上次小Y和小T在出去骑车的时候,两个人就撞到了一起,还挺危险的,所以我觉得安全非常重要。所以,爸妈和我们一起参与活动,也能保证我们的安全。

——陈同学

我以前参加过一些主题活动,让我觉得有些没意思。其实我希望活动不要太累,形式不要太隆重,尽量随意一些,内容新一点,这样我们才会真正愿意参与到活动中去。另外,如果把活动策划权交给我们,那我愿意和班委一起先商量,制定出几个我们比较倾向的方案,然后再拿给老师定夺,毕竟有很多因素我们考虑得可能还不够全面。

——姜同学

 专家说

班级活动就是培养凝聚力

作为一名初任班主任,这位老师把第一次班级活动的目标定位为:让孩子喜欢、家长满意,增强亲子沟通和班级凝聚力,而不是简单地完成任务,这是值得我们学习的。活动的目的性固然重要,但如何才能让目的不留痕迹、润物无声,这就需要班主任充分发挥智慧、调动学生。为此,这位老师在活动前做了大量耐心细致的准备工作,得到了家长的积极支持与配合,调动了学生和家长参与班级事务的积极性,在取得理想的教育效果的同时,也为良好师生关系、家校关系的建立打下了良好基础。创造性地开展班级活动,既是增进成员了解、凝聚班级力量的不二之选,也是年轻班主任走向专业化成长道路的必经之路。

——齐学红①

 带班小窍门

凝聚力小游戏

学生感情好,班级氛围好,学生才能团结奋进,热爱班级。让学生分组游戏,寓教于乐,是最有效的办法之一。团队游戏,玩出班级好感情。以下为一些提升班级凝聚力的小游戏。

(1)履带战车。学生分组用报纸、剪刀、胶带制造履带,全组人站在履带上开车,先到达的小组胜。此活动不论输赢学生都会感受到合作和倾听的重要性。

(2)创意服饰大赛。学生分组用报纸制作环保服饰,模特上台走秀,设计师上台介绍,大家票选最佳风采奖。这个游戏会让学生捧腹大笑。

(3)飞毽连心。学生分组踢毽子,要求毽子轮流传,不能掉地上,哪组先完成,哪组取胜。可以各组派一名监督员去其他小组监督。

---

① 南京师范大学教授、博士生导师,"随园夜话"班主任沙龙发起人。

（4）悬空俯卧撑。规定每组派一人做俯卧撑，但他必须全身悬空。哪组30秒内做得最多，哪组赢。

（5）穿越火线。每组派一人当指挥，其他成员戴上眼罩，在指挥引导下穿越纸杯做成的地雷，不能踩到，也不能超出活动区域。违反则"阵亡"。3分钟内，哪个小组成员成功穿越火线的人数最多，哪个小组赢。可以让各组互相"埋雷"。

我的思考

零距离=凝聚力

当天晚上，蔡老师在自己的带班手册上这样写道：

> 其实比玩游戏更重要的是游戏后对学生的引导，引导学生感受合作的快乐，反思沟通不畅的原因。每学期一两次游戏，会发现班级越来越团结，同学相处越来越融洽。在此基础上进行励志教育等，学生学习的劲头也会更足，因为团体作战总是比个人作战更有力量。

本专题所讨论的第一次组织班级活动，通过案例的讲述、师生的讨论、专家的点拨和带班小窍门，您是否有一些启发与建议呢？

_____

_____

_____

第一次处理班级突发事件

星期四下午第二节课是蔡老师的课。上课没多久,年级主任金老师突然过来说:"同学们,疾控中心有个紧急通知。小瑜同学,你戴上口罩,带着所有东西出来。其他同学都戴上口罩,都不要出来。蔡老师,不好意思啊!你要跟同学们一起留在教室,不能出来。等一下会有安保过来守门。"

恰逢新冠疫情,最新的流调报告指出一个确诊病例与小瑜的行动轨迹重合了。听了班主任的通知,学生们炸锅了:"小瑜,你成密接了啊?"

"老师,我跟小瑜是同桌,也要去隔离吗?"

"老师,我们全班是不是都要隔离?"

而"炸锅事件"的主人公小瑜这头正一脸惊讶、茫然,慌张地整理书包:"啊?我那天就坐地铁经过一下而已!老师,我好像没什么要带的……"在大家的提醒下,小瑜才想到把水杯也一同带上,随后跟着年级主任匆匆离开了教室。

学校安保立马就位,把守教室两端。此时此刻,教室里只剩下蔡老师这个新手班主任和这一群无心上课、情绪激动的学生。恐慌无助的情绪迅速蔓延,有学生喊道:"老师,我想回家!"

班级突发事件就是在班级工作中突然发生的、可能造成或者已经造成不良影响的、需要班主任采取应急处理措施予以应对的事件。班级突发事件一般具有突发性、危害性、传播性、紧迫性等特点。此类事件关系着班级秩序,有可能会对学生身心造成伤害,需要班主任机敏地应对。事发突然,且伴有一定的破坏性影响,还会蔓延至其他方面,如果班主任不及时处理或是处理不当,就有可能造成较大的负面影响。

 成长案例

用爱和智慧化解"冲突"[①]

"金老师,金老师……"几个孩子急促地奔到我面前,打断了正向我请教带班问题的蔡老师,蔡老师是这学期我带的徒弟。他们一边拉着我的手向教室外走,一边叽叽喳喳告诉我小倩受伤并流血了,蔡

---

① 由南京市五老村小学金书老师撰写。

老师随我迅速来到了小倩的身边，只见她正坐在地上，手捂着嘴，眼泪和血顺着她的手指缝流下来。我的心顿时揪了起来，一是心疼受伤的小倩，二是害怕伤到她的牙齿，更怕伤的是恒牙！我首先搀扶起小倩，一边安抚着她，一边带她来到水池边，帮她清理脸上的泪水和血水，查看伤势。心中在想：如果伤势不重，用班级的药箱为孩子处理伤口，无论理在何方先安慰学生坚强面对；如果伤势严重，立即汇报给校领导，并在第一时间带着学生到医院就诊，随之要电话告知家长。但要注意等学生伤势稳定、情绪稳定后再去问清真相、公平处理。

当我处理干净小倩的脸后，发现她的嘴唇被牙齿磕破，牙齿有轻微摇动，血已被止住。于是我在了解事情发生的经过后，得知是我们班的"小皮猴"阳阳追打小倩，小倩为了躲避而撞到墙上的。随即我第一个电话打给阳阳妈妈，告知小朋友在校"闯祸"并希望家长立刻来校看望受伤的孩子；第二个电话打给小倩妈妈，告诉她孩子被撞击后我是如何处理小倩的伤口的，现在伤情如何，对此我深表歉意和心疼，现在虽无大碍但希望她能来学校与肇事小朋友家长一同商量是否要到医院再仔细检查。在与两位家长通话过程中，尽管受伤孩子的家长情绪不好，我都保持冷静，特别注意说话语气和方式，不夸大、不偏袒，告诉他们我已妥善处理，让他们放心，在来校的路上注意安全。当见到学生家长时，班主任一定要有同理心，态度真诚，缓解她们紧张、急躁的心情，求得家长的理解，尤其是受伤孩子家长的理解。

在组织双方家长见面前，先分别做个别沟通，达成一定的共识后再安排他们相互沟通，为以后分担责任打下了基础。这样对受伤的孩子及其父母都是一个安慰,缓解了他们的埋怨情绪,让双方对事情的发生也有了更正确的认识。只要班主任做到公平、公正,分清责任,此时学生家长经过这样的过程就不会不理智,也不会有过激行为。因为有关事件涉及人的共性即人之感情,班主任要用自己真诚的情感去感化、启迪当事人,使他们认识到身在社会上,除了经济利益外,还存在着大量的师生情、同学情,以情感人、以情服人,只要以诚挚的情与周到的礼,就能化解当事人之间可能产生的心理上的对抗,从而促成问题圆满解决。当然,人的情感毕竟只是一个促进事件顺利解决的有利因素而不是决定因素,遇到大的经济利益,起根本作用的还是法律关系。所以如果事故比较严重,还是应该通过法律程序加以解决。幸运的是,通情达理的小倩家长来后,在确认了孩子那颗略有晃动的牙是乳牙后,明确表示不追究阳阳的责任,因为他们感受到了肇事孩子家长积极诚恳的态度和老师处理此事件中的爱与智慧。

事故处理后,我借此契机组织活动,教育全体学生。除了对涉事同学进行了耐心的帮助教育,还针对这次事故及时开了一次以课间安全为主题的班会,使全班同学都知道课间十分钟应该做些什么,不应该做什么。课余我找了"小皮猴"阳阳,在与他交流中,我发现阳阳具有这样的行为不仅是习惯养成问题,更有可能是一种心理问题。于是我分别与阳阳前班主任和阳阳的妈妈进行了了解和沟通,她们告诉我了一个关键因素,孩子经常被爸爸打。孩子父亲脾气特别差,遇到一点点小事都会发火,也会拿孩子出气。听了这个,我陷入了沉思,我想,阳阳的攻击性行为或许找到了一些原因。看着阳阳妈妈难过的样子,我想孩子喜好打人的毛病要改掉,除了老师的引导教育外,还要连同他的父亲的这种错误的教育方法一起改掉。这个孩子不笨，脑子还挺聪明的，就是喜欢打人。于是我暗下决心，一定要帮助孩子改掉这个坏习惯。

后来，我找阳阳父亲进行了一次深入的谈话，并与其约定：绝对不能对孩子动手，并争取不在孩子面前情绪失控。孩子的父亲表示理解，同意为了孩子的成长，努力和孩子母亲一起营造一个良好的家庭氛围。然后，我又在班级中召开了一次班会，主题就是"做情绪的主人"，引导孩子们认识情绪失控、暴力的危害，并积极鼓励孩子们相互提醒相互帮助。班会上，我看到阳阳似乎有所触动。课余，我时常找阳阳，与他聊天谈心，并告诉他，如果遇到不能控制情绪的时候该怎么办，比如，心中默默数一数"1、2、3……"或是找老师或妈妈倾诉，帮助阳阳合理宣泄自己的感情。最后，我还带着阳阳去和有矛盾的孩子——沟通，了解不友好的行为给他们带来的伤害，体会被欺负的同学们心中的感受，让阳阳深刻体会到，自己原先的行为是很不妥当的。

经过这一系列的措施，阳阳渐渐好转了许多，虽然他并没有完全改变，但我知道，他已经慢慢变了。他也只是个一年级的小孩子，只要能坚持引导帮助，阳阳一定会有所改变。

班主任在严格要求的同时，要淡化权威意识，以宽容与虚怀若谷的长者风度，宽容学生的错误，给学生以改正机会。人非圣贤，何况是正在成长中的孩子。无论哪一个学生，不犯错误是不现实也是不可能的。每一个学生的成长过程可以说就是不断犯错的过程，我们要宽容他们，允许他们犯错，等待他们改正。当然，宽容要有尺度，要与严格要求相结合，缺乏严格要求的盲目宽容，放任自流，是教师对学生的不负责任，会造成人心涣散、班级毫无约束的局面。所以作为班主任，我们要用爱和智慧化解班级中有可能发生的任何"危机"。

托尔斯泰说过:"在这个世界上,常被别人关心、爱护,就能学会用自己的爱心爱护别人。"教育是心灵的艺术,爱心是教育的灵魂,所以我们作为教师一定不能让自己的爱打折,在学生最需要关心爱护的时候要充分表现自己的爱心和善举,"投桃报李"不就是我们耳熟能详的老话吗?班主任如何用爱和智慧去降低事故对学生的伤害呢?如何让双方家长化干戈为玉帛、心平气和地解决问题呢?让我们一起来探讨这个案例。

 老师说

突发情况应对手册

学生遇到意外伤害,从保护儿童心理的角度,我们一般要做到以下几点:

第一,镇定。由于人生经验有限,面对突发事件,学生们肯定会惊慌失措,惊恐,害怕,担心。老师坚定的眼神、语言产生的力量对全班来说都是十分必要的。

第二,判断。班主任需要进行敏锐的判断,将可能再次发生的次生伤害降到最低。案例中的老师,快速在脑海中形成了两套预案:伤势不严重、伤势严重分别应该怎样处理。处理好孩子伤势,已无大碍后又为双方孩子的父母创设了一个真诚有效的沟通空间,为意外伤害事件的顺利解决做出了最大的努力。

第三,教育。因为儿童不成熟,给予他们的指导就显得尤为重要。学生犯错就是这种指导得以开展最好的教育契机。换言之,学生这些成长性的"错误"都是有其功用的。

——李晓欣老师

活泼好动是儿童的天性。儿童通过动来认识生活其中的世界,也通过动来实现与他人的交往。学生之间的"打闹"多数情况下不带有伤害的恶意,而是以身体语言表达亲近。案例中阳阳追打小倩大抵是这种情况,遗憾的是最后酿成了小小的"悲剧"。在应对这次"悲剧"中,案例中的老师理性应对,彰显了班主任工作的智慧。但是,我们也可以从这次意外中对自己工作进行反思:如果这次意外是不可挽回的,那我们班主任该如何处理?在意外发生之前,班主任老师一定要时常提醒学生"安全记心中",要有自己的应急预案,甚至是应急手册。这样,突发事件来临时,才不至于手忙脚乱。突发事件之所以突发,还是在于它的偶然性,并不是每一次都有很幸运的结果,也不是每位老师遇到的问题都是同一类问题。老师们在保护学生的同时,也要保护好自己。

——张立春老师

第一,为案例中老师处理此事件中的爱与智慧点赞。只有爱才能浇灌爱,只有爱才能唤醒爱;只有真心地付出,才会得到真诚的回报;有了真与爱才有生命,有生命才有教育。智慧是一种文化,更是一种教育,是一种享受。用德性唤醒心灵,用文化浸润生命。什么样的班主任就有什么样的班级和学生。能够用心营造一种优雅而又有凝聚力的班级文化,正是一个有责任心且师德高尚的教育工作者所毕生追求和实践的。

第二,抓住契机,家校融合,树立和谐的人际关系。有人说:班主任是天下最小的官,承担的却是天下最大的责任。作为班主任要防微杜渐,切不可仅依赖于亡羊补牢;要常做婆婆嘴,多为同学们解决实际问题。只有这样,我们的"家"才会更加和睦融洽,更具有凝聚力。

第三,反思是最好的成长和积累。叶澜教授指出:"一个教师写一辈子教案不可能成为名师,如果一个教师写三年教学反思就有可能成为名师。"人之相交,贵在交心,班主任要营造同学之间宽忍博爱、团结互助的情感与氛围,用理、用爱去教育、感动学生,这样,你才可以做得更好。做任何事,不做则已,要做就要全力以赴。

什么叫师德？其定义解释众多。但是我认为很简单——真正用心、用力、用爱去带好一个班、教好一门课，就是最好的师德体现了。

最后，有一点小建议：孩子受伤，起初的救护处理，应该考虑到借助校医等专业人士来帮助就更好了。

——潘旭东老师

在班级突发事件中，光靠安保和老师是远远不够的，还要靠学生的力量。教育学生具有危机意识和防范意识。

——张健平老师

 学生说

老班，我们也可以搭把手

老师要求我们课间做好下节课准备，然后就喝水或上厕所，下楼梯要慢行，不要与同学助跑哄闹。可是王同学拍了我一下，说："你追我呀！"我就……就一激动，就去追了。

——纪同学

我知道老师的要求，也知道是为我们好，可是我就控制不了自己，就想跑一跑、跳一跳，和同学抱抱。

——宋同学

今天李同学经过我座位时把我的数学书碰掉了，可他没有和我说对不起，我很生气就轻轻打了他一下，他就回击了我，然后我俩就真打起来了。

——沈同学

以上这种打闹可能孩子们之间不会特别注意，但是两个人如果问题比较严重的话，或者下手比较重的话，就会对学生造成身体上的伤害，甚至精神上的伤害。

当我摔伤时,我很疼也很害怕,好希望妈妈这时能在我身边。可是这时是在学校,我希望同学能赶紧告诉班主任,但我好希望班主任能像妈妈一样安慰我、帮助我,而不是责怪我,因为我知道错了。

——王同学

我是男子汉,我不怕疼的。可是如果班主任只是责怪我,不心疼我,不安抚我,我会难过的。

——时同学

在打伤李同学后,看着他流血我心里也很伤心和害怕,因为之前我俩还是好朋友的,就为这件小事谁也不愿意相让,让小事变成了大事。可是我要面子,又是我有理,如果班主任上来就批评指责我,我会难过的。我希望班主任在安抚照顾李同学后也能拥抱或安抚我,也能静静地陪着我重整心情。

——张同学

尽管我们知道顽皮、好动、爱热闹是小学生们的天性,但是这些行为存在很大的安全隐患,需要我们班主任思考:是不是他们之间不知道该怎么玩,不知道该怎么相处?总以为追逐打闹,就是他们之间互相交往的方式,那我们是不是应该教教他们怎样相处,课间怎么玩,玩什么?课间我们还可以做什么呢?我们来看看学生们有哪些金点子。

让班级里能做到事事有人做,人人有事做。我们应该把班级里每天需要做的和可能要做的事一件件罗列出来,然后让同学们自己认领任务或安排任务,件件落实、责任到人,每天或每周要有评价和奖励。同学们在完成学习任务后还有班级事务需要完成,这样课间追跑哄闹的现象也自然会少很多。所有学生参与了班级管理,不仅激发了我们的热情和潜质,也提升了我们的主人翁意识,以及自我管理和管理他人的意识。这样班主任的班级管理才能更顺畅,逐渐可以不用每天扯着嗓子喊,不用每天盯着我们,不用每天催着我们了。

——潘同学

老师告诉我们,如果消防铃突然响了,就一定要找一个安全的地方躲起来。如果地震来了,要按照消防演练时一样,有序地离开教室。如果同学打架,要及时通知老师,并且要把同学拉开。

——赵同学

 专家说

面对"第一次",需要激活更多的储备

突发伤害事件因为"突发",容易让人措手不及,又加是"伤害",涉及身体、生命、安全,更容易令人慌乱。第一次,意味着没有经历过,没有经验储备,对于"突发"的"伤害"更是感到恐慌。但是作为一名老师,这里的"第一次"并不意味着是从 0 到 1,并不意味着对它是毫无准备,因为站到班主任这个重要的岗位上之前,我们已经经过了系统的学习、培训、考核,应该已经具有了面对这些"第一次"的知识基础、能力基础。要紧的是,这些知识和能力因为缺乏实战的检验,只是处于"休眠"状态,处于"存在"状态,只是为你面对突发问题的解决提供了可能性。若将这些可能性转化为现实性,就需要通过"第一次""第二次"等等不断地激活,在实际问题的解决中形成经验,生长智慧和能力。面对"第一次",我们需要激活以下一些储备:

心理的储备:做到不慌张。虽然我们在安全教育、安全防护上尽到了职责,下足了功夫,但是因为校园里人数众多,场地空间有限,儿童在课间活动中的交互性极其复杂,且瞬息万变,所以安全事故突发的情况还是在所难免。虽是偶然,也是必然。遭遇是不可避免,那么我们从心理上就不要回避,没有永远的侥幸,也不会有永远的好运气。这样想了,当我们真正遭遇这个"第一次"的时候就不会那么慌张,就会镇定起来。"定而后能静,静而后能安,安而后能虑,虑而后能得",静中生慧,镇定下来,安静下来,你才能

调动起解决问题的方法、策略，行事才会得当且有条理，才能指向问题的解决。更重要的是，老师的心理稳定可以安抚当事学生和家长。案例中老师这一点做得非常好。

知识的储备：知道怎么办。"先后有序""要事第一"应该是突发事件处理重要的思维方式。案例中老师第一时间进行伤口的清理，对伤情进行判断，根据判断采取进一步的救治措施，这是非常重要的——救治是第一要事，是首先要考虑的。在救治的过程中简单了解事情发生的经过，对当事人、目击者有个基本把握，这样为第一时间向家长通报情况做好了准备。案例中老师在与当事双方家长哪个先沟通都作出瞬间思考，对其选择先与施害方家长沟通，我表示赞赏，因为施害方家长的及时救治、慰问，对于稳定受害方家长的情绪可以起到积极作用。老师在与受害方家长沟通时可以将施害方家长的积极回应传递出去。在与双方家长第一时间电话沟通中老师特别注意说话的语气、节奏的平稳，还提醒赶来学校或医院路上的安全，这一点也很重要。无论是在事件发生的现场面对受伤孩子，还是与家长电话沟通，千万不能表现出惊慌失措，大惊小怪。老师要用自己的镇定传递镇定，平复当事人情绪。关于伤害事件的最终处理，要遵循"慢就是快"的原则，在受伤孩子得到妥善处理后，我建议先让家长带受伤孩子回去休息、疗伤，设置一个冷静期，等孩子伤情有所好转，再安排善后处理，避免在情绪紧张、激动的状态下解决问题。中间，学校老师和施害方家长的关心、关怀不能缺少。

能力储备：着眼于解决。"事件中成长""错误中学习"是我们对待突发伤害事件应有的态度。案例中老师后来的课间活动安全教育，对阳阳进行了细致的了解和客观的分析，特别是采取了与家长有效的沟通与合作，实现"家校共育"，让阳阳获得了成长。这是特别智慧和可贵的。新班主任经历"第一次"以后要多一点反思，哪些策略是正确的，哪些处理方法还需要调整，这种亲历实战后的反思是最能让我们老师获得成长、形成经验的。

对于校园突发事件的处理,我还有几个小的建议供大家参考:

第一是重视班级文化建设,通过有效的家校沟通、家校互动营造和谐的氛围和场域,平时多播种友善、理解、宽容,遇到突发事件,家长也都会彼此理解、包容。

第二是新老师平时可以多做一点假想,甚至多和同伴合作进行一些模拟演练,做个有备之人,心有沟壑方能步履从容。

——何义田[①]

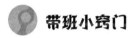
带班小窍门

不治已病治未病,不治已乱治未乱

从我们接触的大量案例来看,班级突发事件比较多的是:失窃、打架斗殴、师生冲突、意外伤害、离校出走等。其成因多种多样,教师教育不当,学生的学习问题、心理问题、感情问题等,都会导致班级突发事件发生。在处理这类事件时,班主任应本着及时到位、程序正当、多方协作、通情达理的原则,尽量将事件不良影响降到最低限度。

必须要提请教师注意的是,对于班级突发事件,事后处理不如事中控制,事中控制不如事前预防。管理之道在于防。一个有经验的且富有教育智慧的班主任要看到平静水面下的潜流,见微知著,防微杜渐,把预防突发事件作为班级常规性的管理内容,并形成系统的应对思路。

一、失窃

班级失窃案件,说小也小,说大也大。初任班主任们也许都会想着第一时间破案。如果有监控,也许会很快锁定"嫌疑人",然而在没有监

---

① 南京市金陵中学实验小学校长。

控的教室里,大概率是破不了案的。但是,在学校里的孩子需要的不是我们的"标签",而是我们的"教育"。因此,在面对失窃案件时,做好班集体的教育工作才是重中之重。首先要保护孩子的自尊心。其次控制自己情绪,不给孩子贴标签。最后采取长善救失原则,引导做错的孩子及时改正。

二、打架斗殴

第一,引导学生树立正确的挫折观。要教育学生在遇到挫折时面对现实,承认挫折,正视挫折,认真冷静地分析挫折,把挫折对个人的打击当作磨炼自己的好机会,积极地迎接挫折的挑战。

第二,创造不利于攻击行为的环境。生活在有良好家庭氛围、有充裕玩耍时间的孩子,攻击行为会明显减少。班主任应提醒家长为学生提供足够的玩耍时间,不要让学生看有暴力镜头的电影、电视、短视频,不在学生面前讲有攻击色彩的语言。

第三,去除攻击行为的奖励物。如果学生打了人,家长不制止,打人就成为攻击行为的"奖励物",使学生觉得打人并没有什么不对,以后还可以去打别人。班主任应该告诉家长,当孩子出现攻击行为时,要及时处理,使孩子认识到什么行为是错的,应该怎样做才对。

第四,教孩子懂得宣泄情感。烦恼、挫折、愤怒是容易引起攻击行为的情感,班主任要教会孩子懂得宣泄情绪,把自己的烦恼、愤怒恰当地宣泄出来。

第五,培养孩子丰富的情感。

第六,对孩子的攻击行为"冷处理"。所谓"冷处理",是指在一段时间里不理他,用这种方法来"惩罚"攻击行为,如把孩子关在房间里,让他思过、反省。

第七,引导孩子进行移情换位。

第八,进行行为训练。利用专长,委以重任,班主任根据学生喜欢自我表现、责任心强等特点,让他担任班上的体育委员或劳动委员,明确职责并讲明他的表现好坏关系到全班、全校的荣誉。这样让他有事可做,转移注意力,改善其人际交往的环境,行为上得以规范。

三、自伤自杀

1. 针对全体学生

(1) 普及生命教育。老师和学校均可以开展生命教育讲座,观看讲述生命历程的视频。还可以组织学生深入实践,到孤儿院、敬老院等福利机构做义工,让他们明白生命的可贵。同时要告诉家长,生命教育家庭尤其不可缺位。父母要从小培养孩子对生命、对生活的热爱,亲近自然、亲近小动物、关爱他人,多带他们去公园游玩等,让他们享受生命中的闲暇时光及社会交往的乐趣。同时,对孩子进行"孝"的教育、感恩教育等,提升其对生命的道德体验。

(2) 引导学生正确发泄不良情绪。有些学生背负了很大的压力,面临的情况比较复杂,如身体有疾病、成绩不好、交际有困难、感情受挫、和亲人有矛盾等,都可能导致他们产生愤懑、沮丧、失望、悲伤、恼怒、压抑等情绪。这些情绪如果不能通过正确的途径及时释放出来,累积下来就危险了。班主任要注意教给学生正确发泄不良情绪的方法,通过主题活动、小组交谈等方式引导教育。

(3) 配合心理老师测评并建立学生心理档案。一般来说,学校都会定期组织心理老师对学生进行心理测评,这是了解班上学生心理状态的好机会。班主任可以配合心理老师建立学生的心理档案,了解影响学生心理发展的基本资料,掌握学生心理的典型特点,并留心个别不良心理倾向明显的学生,以便进行有针对性的个别辅导工作。

(4) 丰富自己关于抑郁症、自我伤害、自杀的相关知识。如果老师对这些问题有比较深入的认识,他就能发现处于困难与危机中的学生,并能适时地提供协助。除此之外,也可以避免在危机时刻,做出错误的判断(例如忽略学生的危机)。老师在丰富自己知识的同时,还要把知识传递给学生。可以组织学生参与相关的主题活动,借助相关的书籍和网络资料等向学生普及这方面的知识,使学生树立正确的生命观。

2. 针对有自伤自杀倾向的学生

(1) 做一个善于倾听的人。为人师者,首先要有一颗敏感的心,发现这类学生的问题,然后找个恰当的不被人打扰的时机跟他谈谈心,注意倾听他们的心声。要让他们愿意对你敞开心扉,讲讲自己的痛苦。这些痛苦可能已经在他们心中埋藏很久,所以你一定要有耐心听;可能他们之前尝试过告诉别人,但没有人注意到并愿意聆听。不少自杀青少年的父母,事后都悲痛地承认"不了解自己的孩子"。

(2) 要了解这类问题生最需要的是什么。每一个有自伤自杀倾向的人都是矛盾的,情绪很不稳定,一方面他想寻求解脱,一方面他又凭直觉认为这样做是不对的,毕竟生命是宝贵的。老师应该做的事情是帮助他把前一种念头减少,把后一种念头加强。科学家经研究发现,青少年自杀前都以各种方式向身边的人说过自己的想法,其实他们往往并不想死,有的是在困境面前手足无措,有的只是希望改变目前的生活状态,有的想通过自杀彰显自我的独立存在。掌握了这些情况,预防措施才能做到有针对性。

(3) 帮助他们进入感兴趣或擅长的领域。自伤自杀者对成功和快乐的渴望其实比一般人更强烈,只是他们把自己逼到了一个阴暗的角落里。转移他们的注意力是一个非常有效的处理办法,如果帮助他们找到感兴趣的事情做,或者发掘了他们的一技之长,鼓励他们,赞扬他们,在他们体会到了前所未有的喜悦和满足感之后,就有可能成功地让他们从阴暗的角落里走出来。

(4) 引导学生及时进行心理治疗。学生的心理问题发展到一定程度时,需要向心理工作者等专业人士寻求帮助。以自杀为例,其心理发生过程分为四个阶段:第一是诱因的形成,各种挫折都可能导致问题产生;第二是心理矛盾冲突阶段,求生的本能与求死的想法相互争斗;第三是意欲自杀者平静阶段,这时的意欲自杀者已经从困扰中解脱,比较平静,自杀态度已经坚定;第四是自杀实施阶段。前三个阶段都可以配合专业心理辅导人员一起对其实施挽救。

(5)对特定学生成立学生监护小组。班主任和老师不可能时时刻刻盯着问题学生,可以挑选几个责任心强、热心助人的班干部和同学成立不少于三人的监护小组,及时了解该生的心理与行为状况,并定期向班主任汇报。这里要注意的是,必须与家长事先做好沟通,征得同意,同时尽量不要引起该生的反感。对有自伤自杀倾向的学生来说,老师一个无意的举动或者一句无意的赞扬,都可能给他们带来点点阳光,成为一个转变的契机。老师是校园学生自杀防治中最重要的角色,所以一定要形成共识——自伤自杀是可以预防的。

另外,建立处置学生自伤自杀行为的预案程序和负责小组非常重要,一旦学生有异常情况发生,老师就可以按照预案程序有条不紊地展开工作,而且负责人员可以各司其职,齐心协力地共同处理。这样做还可以明确学校、老师、家长等各方的责任,避免纠纷。当然,预防青少年自伤自杀不仅仅是学校的事情,它已经成为社会共同的责任,学校要联合家长、社区、社会相关机构等,形成一个全面监控的网络体系。

 我的思考

通情达理

第一次处理隔离这一意外事故结束了,蔡老师在自己的带班手册上这样写道:

<u>通情达理,就是在处理突发事件的过程中,注意以理服人,以情感</u>

人，特别是得理要饶人。突发事件的发生对学生、家长和教师都是一次突然考验。这时，我们最需要的不是匆忙的结论，而是有效的沟通。

本专题所讨论的处理意外事故，通过案例的讲述、教师和学生的讨论、专家的点拨和带班小窍门，您是否有一些启发与建议呢？

_____

_____

_____

第一次开家长会

教师A："明天就要开家长会了,超级紧张啊!"

教师B："是的呢,虽然刚工作,样样都是第一次,可是所有的'第一次'里面,我觉得最恐怖的就是见家长了。"

教师A："一样,完全一样。我前两天见孩子都没这么紧张,那么多家长盯着我,我想想就觉得很头大呢。"

教师B："虽然学校也给我们进行了培训,我的讲话稿、PPT也都做好了,可还是一想到就觉得手发抖,就怕到时一下子把准备的全忘了。"

教师A："不知道是不是所有的老师第一次开家长会都这么慌呢,哎,不行,我再去对着PPT练一练。"

教师B："好的好的,我也去练练,预祝明天大家都一切顺利!加油!"

就像种子的成长离不开阳光和雨露,孩子的成长也离不开家庭和学校。在众多家校合作的方式中,家长会是比较常见的一种形式。学校一般会在开学初或是学期末召开一次全校家长会,架起家校沟通的桥梁。那么该如何召开家长会,让家校沟通最优化呢?蔡老师听了两位伙伴的交流,觉得自己那颗原本就悬着的心吊得更高了,自己的发言稿憋了许久,还是没有头绪呢,这该怎么办呀……

 成长案例

用心搭起家校合育的幸福桥梁[1]

【准备】

去年8月,我正式成了一位小学语文老师,一位班主任。新生入学培训安排在8月28日、29日两天,学生培训一天半,最后半天就是家长会了。

对于我们新教师职业生涯中的第一次家长会,学校高度重视,特别在26日为我们组织了一次会前培训,邀请了年级组中经验非常丰富的林老师给我们进行了指导。

林老师十分亲切,以自己的家长会准备为例,细致地向大家传授了开好第一次家长会的几大法宝:精心布置教室、大方介绍自己、全面展示学生、介绍小学生活、提出具体建议、赢得家长信任。林老师还建议我们把发言稿事先认真撰写好,在家对着镜子多次演练,再到空教室里模拟家长会的现场,直到自己可以不需要拿着讲话稿,真正

---

[1] 由南京市江北新区高新实验小学张珺老师撰写。

将讲话内容牢记在心里,到了家长会时才能够避免因为紧张而忘词的现象。

虽然听了林老师的宝贵分享,心里有了一点底,但一想到要面对将近40位家长,还是觉得非常紧张。憋了一个晚上,也没有写出几句话来。

第二天早上,我犹豫再三,终于轻轻敲开了林老师办公室的门,向她请教如何让自己不紧张。林老师笑着和我说:"没有办法不紧张,即使是现在的我,也无法做到完全不紧张,更何况是刚刚走上教师岗位的你呢?紧张是正常的,不要总想着去驱逐它,试着接纳它。是的,我紧张,但是我依然可以通过反复练习,开好这样一场家长会。虽然你觉得自己年轻没经验,不像其他经验丰富的老师,可以去介绍自己之前的学生,但是你应该有实习的经历吧,这也可以分享啊!不要怕让家长知道你是一个新老师,你越怕就越没有自信,大大方方介绍自己,比起你是否年轻,家长更看重的是你对孩子是否用心。最后,偷偷告诉你,家长参加孩子小学生涯的第一场家长会,他们也可紧张了呢!现在,是不是就没有那么紧张了?"

释放了心中的焦虑,很快我就完成了自己的发言稿和PPT,请林老师指导后,便开始了一遍遍的练习。经过一次次的对镜模拟练习,我慢慢地从表情僵硬到可以面带笑容;经过一次次的空教室演练,我渐渐地从眼神乱飘到可以从容地看着桌椅。讲话稿越是熟悉,心中的慌乱便越少了一分。

8月28日,37位小宝贝走进了我的班级,他们每一个都是那么可爱,我用手机为他们定格下入学的第一张笑脸。一天半的培训里,我又给他们留下了更多的光影瞬间,吃饭时、排队时、做操时、下课活

初任也智慧——初任班主任的11个第一次

动时……在一次次的拍摄与交谈中,我渐渐认识了班上大部分的孩子。不过,当时的我并没有想到,这些照片成了家长会上的意外惊喜。

【进行】

时针转动到了29日的下午,家长们就要来了!我再次检查班级布置:桌椅整齐,地面清洁,黑板上写着家长会主题,还画上了花边儿,PPT也可以正常播放。为了尽快把学生和家长对上号,我还带着孩子们做了可爱的小小席卡,放在他们的课桌上。

第一位家长走进了教室,是一位年轻的妈妈,我面带微笑与她打招呼,并把她领到了孩子的位置。"涵涵妈妈,这是她的座位哦。涵涵是一个特别乖巧的小女孩,她说她特别喜欢画画,以后想成为一个小画家呢!"妈妈的眼中流露出惊喜,真诚地向我表示了感谢。这个美好的开始也让我对下面的交流更加充满信心。

慢慢地,走进教室的家长越来越多,等大多数家长都已就座,我便学着林老师的建议请家长们签到了。签到表上除了孩子的姓名之外,还增加了两栏:爸爸电话和妈妈电话。后来,我将这张表贴在了自己的办公桌旁,方便有情况时可以在第一时间联系上家长。

终于,家长会正式开始了,面对着教室里坐得满满的家长,我觉得自己好像有些发抖,但还是照着之前练习了无数遍的讲话稿开始了:

"各位家长好,非常感谢大家在百忙之中抽出时间参加今天的家长会,我是咱们班的语文老师兼任班主任。当老师是我幼年时就许下的梦想,我也一直朝着梦想努力着。大四期间,我曾在小学五年级实习,孩子们都十分喜欢我。离别时,孩子们都对我依依不舍,还有不少孩子给我写下祝福小卡片,祝愿我在新的学校可以遇见一群像他们一样可爱的孩子,而幸福的我也的确遇见了如此可爱的7班的宝贝们。"

接着我向家长介绍了幼儿园和小学的不同、学校的作息时间、班级的课程表以及一年级学生应该养成的良好学习习惯,例如在学习用品和生活用品的准备上。

可能是因为紧张,语速偏快却不自知,等我把准备的所有内容讲完,居然还有十几分钟才到结束时间。怎么办?是提前结束今天的活动,还是再说些什么?说什么好呢?我顿时觉得一个头有三个大。这时,我突然看到了身旁的手机,想起了手机中那一张张可爱的笑脸。有了!我可以给家长们看一看孩子们的照片呀!

于是,我把手机连上了电脑,打开了相册,当家长们看到我的手机里全是孩子们课堂上、活动中、吃饭时的笑脸时,他们一下子也激动了起来。我一边播放相册内容,一边与家长们介绍:"瞧,这是同学们在进行自我介绍……这是聪聪,他说他自己特别喜欢打羽毛球,真是个运动少年!这是小芸,她学跳舞两年了,还现场来了个横叉呢!这是阳阳,他说自己长大要当一个歌手,还现场给我们唱了一首歌呢……"

我突然发现自己话多了起来,一看到孩子们的笑脸,就有了许多话题,忍不住和家长分享,家长们也听得津津有味,讲到有趣的地方还不时引发笑声阵阵。

如果说家长会的前半段是拘谨的,那么后半段就变成轻松的了。等我把最后一张照片放完,才发现自己超时了20多分钟,我居然分享照片用了半个多小时?真是难以想象!

苏霍姆林斯基说过:"没有家庭教育的学校教育和没有学校教育的家庭教育都不可能完成培养人这样一个极其细微的任务。"家长会,是家长了解孩子在校情况的重要途径,也是家长了解教师的教育教学情况的有效渠道,是班主任工作中的一个重要方面。

面对从教生涯中的第一场家长会,年轻可能是初任班主任对自己缺乏自信的最主要原因。但我们完全可以转变思路,年轻也可以成为有力的资本:年轻的我们充满活力和朝气,对孩子们充满爱与热情,能够使用更新的教育方法和教学手段管理班级,引导学生,和孩子们有更多的话题,更能理解孩子。

只有发现自己作为初任班主任的优势,一举手一投足才能折射年轻教师的活力。也只有这样,我们才能更好地投入到角色中,在举行家长会面对年长的家长时,才不至于面红耳赤,心乱如麻。相反,能够做到言谈举止得体大方,态度谦逊。

第一次家长会说什么,怎么说,这是初任班主任们需要反复演练的重头戏。我们可以向同年级资深的班主任虚心请教,甚至可以把他们发言的内容借来学习。但不能照用,还必须结合自己和班级的实际情况认真准备。例如,对于接手一年级的班主任来说,引导家长帮助孩子们养成良好的学习习惯,则十分重要。发言内容越是细致,越能体现出教师对于家长会的准备充分;越是全面,越能体现出教师对于学生的了解。

教师与家长,是友好、合作的伙伴,来不得矫揉造作,他们都需要付出真心。想让家长放心地把孩子交到你手上,就需要让他们感受到你对孩子的爱心、真心和用心。

蔡老师学习了成长案例之后,突然对明天的家长会产生了一丝丝的期待。可是别人的成功可以直接复制吗?而且案例故事中的意外惊喜如果自己有意为之是不是效果也会很棒呢?让我们一起听听大家怎么说。

老师说

别人的成功可以复制吗?

一是"别人的成功可以复制吗?"这个"别人"就是上述案例中的老师。案例中新手班主任的第一次家长会开得很成功。这个成功会让初为人师的班主任站在讲台上更加自信,也会为这位老师日后的班主任工作、教学工作等的高质量开展奠定非常好的基础。应该看到的是这位老师为了这次家长会做足了功课:消化落实集体培训内容、登门拜访请教林老师、在家认真准备文稿PPT反复试讲、设计教室布置的细节、会前仔细检查准备工作的落实……这才有了家长会上自信而专业的表达。特别是最后向家长展示各家宝贝"光影时刻",更令家长惊喜。"别人的成功可以复制吗?"可以复制,这个"复制"不是完全照着做,复制的应该是别人对待工作的态度,复制的是思考力的提升,是为了开好家长会而做的提前规划和实际行动。当然,好的做法是可以借鉴和仿效的。

二是"意外惊喜如果有意为之是不是效果也会很棒呢?"根据自己的教学经历和经验,答案是肯定的。有意为之效果会很棒!无论是第一次家长会上的"有意为之",还是日后工作中,定格美好画面适时呈现孩子们在校的光影时刻的"有意为之",都能带来很好的效果。需要提醒的是,如果在之后的家长会上呈现,一定要展示每一个孩子,不能漏下班级里的任何一个孩子。要用将心比心的同理之心面对学生家长,设想自己就是坐在座位上听老师讲话的学生家长,希望看到什么?希望听到老师讲什么呢?

——蔡静老师

案例中,初任班主任在第一次家长会前后过程中的紧张,我们初为人师时都曾经历过。首先,学校的做法值得肯定,请骨干班主任对初任班主任进行专题培训,这样的做法对于接手一年级的新手班主任来说,尤其需要。其次,案例中的"我"能够开诚布公地向林老师说出自己的紧张与担心,并虚心请教,这样的做法不仅缓解了自己的焦虑,也学到了开家长会的方式方法,这一点也值得所有初任班主任学习。学校是一个教学相长的研究共同体,骨干教师一般具有丰富的教育教学经验,是身边宝贵的智慧源泉。遇到问题多请教,取长补短,方可快速胜任岗位工作。最后,也是最重要的,我们看到这位新手班主任踏实、真诚的工作态度,从带班中为孩子留下一张张"难忘瞬间"的照片到准备家长会讲稿的用心并多次在空教室演练,再到布置教室、准备签到表……教师的工作常常是琐碎的,班主任工作更甚。就是这一件件小事,一个个细节,一切的充分准备,保证了第一次家长会的成功。

初任班主任有其自身的特点与优势,矫揉造作或故作老成,都是不可取的。无论是开家长会还是任何一件班主任工作,一位教师的热情、真心,对孩子的责任心与爱心,孩子和家长都可以感受到。

案例中呈现的是初任班主任接新班的情况,如果是中途接班,班级中学生的状况、家长的情况、曾经取得的成绩和出现过的问题,甚至这个班级留给校领导和老师们的整体印象,都是要特别注意的。初任班主任应细心地与原班主任做好对接,尽快对班级的方方面面做到心中有数。在开家长会时,要以欣赏的态度肯定孩子们的优点,客观、含蓄地提出不足与要求,同时,让家长感受到,即便是成年人的老师,也愿意与孩子们共同成长。当然,最关键的,还在于教师平时的每一个教育教学行为。

——张淑环老师

首先,我非常理解初任班主任第一次面对家长会时的紧张心情,不由得让我想到自己第一次在准备家长会时也是一样的忐忑不安。有经验老师的成功案例虽不能百分之百复制,但是至少给了初任班主任一个明确的准备方向。学习别人的成功不是效仿他的过程,而是从这一次成功的背后获得反思,找出其成功的原因并结合教师自身的情况进行会前准备。

我觉得家长会之所以能够抓住家长的心,除去教师拥有良好的教育素养外,更重要的是让家长看到自己的孩子被老师耐心地照顾着引导着。老师足够的爱与耐心是大部分家长特别是低年段家长所需要的。而平时留心积累的孩子在校生活的照片正是推动家长与老师、班集体亲近的利器之一。这位老师的意外惊喜虽然本质是一次"救场"行动,但是教育本身就是不完美的,我们能做的是让它接近完美。正因为老师在教学过程中的一些突发奇想和灵光一闪以及结束后的深刻反思,使得教师自身能力得到飞快地提升,从而让下一次的教学达到更好的效果。

——黄嫽歆老师

家长说

年轻的老班,我们更能谈得来

回想起自己的孩子初入小学,作为一年级新生家长,当时内心的不安、忐忑、焦虑还清晰如昨天,担心孩子一天的学习和生活脱离了幼儿园,能不能很好地适应小学生活,不再有保育老师,不再有午睡……

而案例中这位老师播放照片的环节快速拉近了和家长的亲近感,让爸爸妈妈们看见校园里自己的孩子在快速地成长,排队做操,自己打饭,自己去厕所……这些小事都是孩子的自我成长,家长们可以更放心。第一次家长会,家长们对老师还不熟悉,很多时候都是非常拘谨的,而这位老师的得体大方让大家心里都放松了一些,对老师的信任度也更高了一些。

作为一年级新生的家长,更多的是"焦虑"。我觉得第一次家长会,老师可以多一些互动环节,使妈妈们的"焦虑感"减轻一些,妈妈们担心的可能都是一些"鸡毛蒜皮"的小事,多了互动环节,就可以知道自己的"宝贝"在学校状态,从而更好地配合学校包括老师的工作。

——王睿泽妈妈

看到了案例中的初任班主任为第一次家长会经历了"培训——请教——模拟练习——正式登台"一系列环节,过程用心,作为家长,我很感动,也很敬佩。

作为小学生家长,我觉得老师面对家长是不需要紧张的,家长和老师本就是孩子的一对翅膀,合作得好才能使孩子飞得更高更远。同时,真诚沟通是很重要的,就像案例中老师从紧张到最后播放了平时记录孩子的校园生活的照片,意外使得整个家长会轻松愉悦,话题也变多了,让家长也不那么紧张,促进了日后更好地沟通。

如果我的孩子在初入小学的阶段,遇见的是一位初任班主任老师,我觉得也很好。因为老师年轻充满活力,灵活的教育方法也能中和紧张的教育,寓教于乐让教育变得更加生动,学习的同时也可以关注到孩子的童心,更有助于孩子的身心发展,所以我对初任班主任老师是支持的。

——陈梓琳妈妈

家长会是一次很难得的家校沟通的机会。因为孩子的教育不单是学校的责任,也是家庭的责任。家庭教育和学校教育是相辅相成、相互促进的。家长把孩子送到学校,最重视的、最担心的就是孩子的老师是不是能够认真负责,这包括了两个方面:一是"教书",二是"育人"。老师的一句话、一个动作、一次批评、一次表扬,都可能对孩子的一生产生深远的影响。

案例中的老师尽管比较年轻,面对家长会有些紧张,但在和家长的沟通交流中可以感受到老师的用心。老师对孩子们充满了爱,帮助孩子养成良好的学习习惯、关注孩子们的成长、记录学习生活的点点滴滴。

爱并不等于教育的全部,但教育不能没有爱。有了这样一位有爱的老师,家长还有什么不放心的呢?

——张子腾妈妈

专家说

打下家校共育的基础

著名的教育家苏霍姆林斯基认为最完备的社会教育是学校教育和家庭教育的结合。南京师范大学齐学红教授在《班主任的家校沟通》一书中指出，在促进人的全面发展的教育实践中，家庭与学校并非互不相干，而是密切联系；不是隔门相望，而是共同参与。可见家校共育在学生成长中起着十分重要的作用，家长会便是家校联结的重要渠道。

对于初入职的班主任，还没有踏上讲台几天就要直面家长，焦虑与担忧自然会涌上心头，其根源往往来自底气不足及对自己的听众——家长们知之甚少。而案例中优秀的班主任老师在回忆自己给家长们召开第一次家长会的时候通过自己的一系列的努力，让第一次家长会就能开得很成功，给家长们留下了深刻的印象，拉近与家长的距离，十分值得称赞。

首先，案例中老师在家长会前做了充分准备，如真诚地请教有经验的教师，准备具有专业水准的讲话稿并一次又一次刻苦练习，精心布置教室，留心记录孩子们初入校两天的学习与生活的情景。我们知道细节决定成败，正是在细节中家长们看到这位老师作为一名教师的专业与用心，让家长十分安心。当然，如果在家长会前，让家长做一个关于"家长最关心的话题"的问卷调查，会让前期的准备更具针对性。

其次，有经验的教师都知道，来参加家长会的家长最关心的就是这个家长会与自己的孩子关联度到底有多大。那种空洞的育儿大道理家长们都懂，他们不愿意听。因此，初任班主任想要提高家长会的实效性，开好第一次家长会，家长会上教师需要简明扼要地阐明自己的教育理念或观点，对家长进行高位引领，还要结合学生的实际谈具体操作层面的要求和家校共育的内容,并让家长看到细节中的真情。

召开家长会时,细心的老师早早地就在教室迎接家长们的到来,对先到的家长还能准确地说出他家孩子的特点,这不仅让家长感到惊喜,更让家长看到老师对他家的孩子是在乎的,从心理上认同老师,认为将自己孩子交给这样负责任的老师十分放心。家长会上老师该讲的也都讲完了,剩下的时间怎么办?机智的老师播放了这两天拍摄的孩子们在校生活学习的花絮,这不仅填补了家长会的空档期,更让家长们看到自己的孩子在班级中是在场的,在老师的心中是有位置的,让家长们对富有爱心的老师带好这个班级充满了美好的期待。

初任班主任第一次家长会若能成功召开,便能顺利地打开家校合作之门,也为接下来的家校共育铺就良好的基础。

——杨学[①]

蔡老师在研究了案例,听了各位老师和家长的不同看法之后,也逐渐有了自己的想法。家长会可以自信应对了,但是家校沟通是一项长期性的工作,并且充满智慧,如何在家长会上与家长们介绍一些长期沟通机制,方便在未来的班级管理和教育教学工作中与家长实现有效的沟通,更好地促进学生成长呢?

 带班小窍门

家长会流程一览

第一次家长会,除了向家长介绍班级情况、常规要求以及分享孩子活动影像之外,我们还可以做些什么,为家校合育创设一个良好的桥梁,方便在

[①] 南京外国语学校仙林分校燕子矶校区小学部德育主任,南京市德育工作带头人。

会后与家长实现一对一的长期沟通,陪伴孩子更好地成长呢?

一、家校联系本

可以让家长们准备一个家校联系本,在平时的学习生活中,家长如果有什么疑问、建议、意见都可以在家校联系本上留言,反馈给老师,老师看到后会及时回复,老师如果发现学生有什么好的或者不好的表现,也会在家校联系本上记录,方便家校的实时沟通。

家校联系本就像一个个小闹钟,提醒你主动去关注每一个学生的表现与变化,每当翻开一个同学的联系本,老师就会不自觉地开始回顾孩子今天的表现,这里建议老师在反馈时以具体小事加点赞的方式呈现,即使孩子有表现不太好的地方,也建议是长长的表扬加短短的建议,附上一句:"老师相信某某同学一定会越来越棒哟,加油!"

好孩子都是夸出来的,我们越看到他们表现好的地方,他们就会越会朝着我们希望的方向努力,真的就会越来越好。家校联系本实现了老师和全班的每位家长一对一的实时沟通桥梁,也为未来的家校沟通打下了坚实的基础。

二、家长会流程分享

首先,是准备工作:

(1)发送邀请函:一般由学校统一打印发放,周五让学生带回家给家长签名确认。另外,班主任最好自己私下微信再发一次。

(2)备用品:矿泉水、水果等。

(3)沟通:联系科任教师是否到班发言,确认家长、学生代表发言人选。

(4)座位牌:让家长坐在自己孩子名字的座位上,名字由班主任打印,可叫学生帮忙剪纸和装好。

(5)签到表:家长姓名、学生姓名、家长电话。

(6)视频:①提前录好学生感恩父母的视频《爸爸妈妈,我想对您说……》,届时播放。②收集学生日常学习和生活的照片,做一个照片合集视频,届时播放。

(7) PPT 制作。

(8) 发言稿撰写。

(9) 黑板报设计:主题关于此次家长会,如"欢迎家长,携手共进"。

(10) 教室布置:找学生帮忙,用班费。

(11) 公布栏粘贴:班级奖状、学生字帖、整洁的作业页、学生手抄报等。

(12) 主持人:班主任,男女学生各一名。

其次,是家长会流程:

(1) 签到。

(2) 家长在学校的大礼堂听校长讲话。

(3) 家长进班坐好,开始班级家长会:①明确召开家长会目的;②展示孩子校园生活照(播放视频);③介绍班级情况(基本情况、班干部队伍、汇报考试情况及获奖情况);④学生存在的问题及改进措施;⑤家校携手;⑥家长代表发言;⑦科任老师代表发言及家长交流;⑧结束语;⑨合影;⑩单独交流。

 我的思考

让家长感受到老师对孩子的用心

第一次家长会结束了,蔡老师在自己的带班手册上这样写道:

教师与家长,是友好、合作的伙伴,来不得矫揉造作,他们都需要付出真心;想让家长放心地把孩子交到你手上,与其他无关,只关乎于让他们感受到你对孩子的爱心、真心和用心。

家长会,虽然你曾让我深深恐惧,但你没有告诉我,只要用心准备,用爱呈现,那也会构筑最美好的共育之桥,营造最幸福的家校相遇!

本专题所讨论的第一次家长会,通过案例的讲述、教师和家长的讨论、专家的点拨和带班小窍门,您是否有一些启发与建议呢?

第一次家访

蔡老师今年刚做班主任,最近他发现小强同学上课经常睡觉,其他任课老师也反映有类似的情况。蔡老师在课上课下也对小强作了提醒,但效果并不明显,小强上课还是抑制不住地想睡觉。

蔡老师把小强喊到办公室无可奈何地说:"小强,今天回去带个话,明天请你家人放学的时候来学校找我。"小强勉强点头同意了。

第二天,到了约定的时间,蔡老师左等右等还是没等来小强的父母,电话也联系不上,只好让小强先行回家。

第三天,蔡老师又找到了小强,询问父母没来的原因,小强依旧一声不吭,蔡老师既气愤又无奈。

当天晚上,不放弃的蔡老师终于联系上了小强的爸爸,但是家长却说自己工作太忙请老师严格管教。

负责任的蔡老师觉得这个事情必须要引起家长的重视,再这样下去,孩子成绩一落千丈不说,还会严重损害孩子的身心健康。于是他决定亲自上门家访了解情况,与小强的父母共商解决之策。

蔡老师的这次家访会顺利吗?怎么家访呢?让我们一起跟随"成长案例",从"心"出发,开启这趟暖心的教育之旅吧。

成长案例

用心沟通叩开心"门"[①]

每一个孩子,就像一粒等待发芽的种子。家访,让我们发现了他们完整而又独特的生命,找到了专属于他们的花期,帮助了他们朝气蓬勃地生长。

班上有个叫小刚的学生,他自信乐观,乐于助人,深受同学和老师的喜爱,可近来不知怎么了,上课没精神老爱打瞌睡,脾气也变得越来越暴躁,经常因为一点小事就和同学大打出手。这些突如其来的变化引起了我的注意,通过多方打听,我很快了解到他的家庭情况:

[①] 由南京市江宁区秣陵小学程晋燕老师撰写。

初任也智慧——初任班主任的11个第一次

小刚的父母最近离婚了,法院将他判给了爸爸,但实际上他现在一直和年迈的奶奶一起生活,父亲很少管他,母亲也很少探望他。听同学说,他最近迷恋上一款"手游",经常深夜还在线上。

那一天放学后,我利用让他替我抱作业的机会把他叫到办公室想和他好好聊一聊,没想到刚提及他的母亲,他瞬间的委屈便化作了泪水,我想这样的谈话对他来说不亚于折磨,便放弃了。

心结还得心解,当天下午我就打电话和小刚的爸爸,预约家访的时间。第二天一下班我就直奔小刚家。进门刚坐下,小刚就小心翼翼地给我端上一杯茶,并细心地嘱咐我小心烫,那一瞬间我突然感觉有一股暖流流淌在心间。见我坐定,他父亲急忙问道:"老师,我家小刚在学校是不是和同学打架了?还是考试没考好?这孩子一点儿都不懂事,我要狠狠揍他一顿!"小刚的爸爸显然很激动,我赶忙笑着解释道:"我这次来就是想了解了解小刚在家的情况。"

在交谈中,我未主动提及他的那些问题。相反地,我列举了他的很多优点,如:心地善良、乐于助人,经常帮助老师做一些力所能及的事,班级集体荣誉感强……听着我细数孩子身上的优点,小刚的父亲显然有些吃惊,他可能没有想到自己的孩子会有那么多的优点,在一旁的小刚也有些许的不好意思。

接下来,我找了一个借口让小刚回屋写作业去了,然后单独和小刚的爸爸敞开心扉地交谈起来。在谈话中我得知,小刚的爸爸其实很爱小刚,为了能让小刚有更好的物质生活,他找了份薪水更高的工作,但因为经常要出差和加班,使他渐渐疏于对孩子的照顾。他还真诚地告诉我,他不是不想管孩子,而是在教育孩子上缺少耐心和方法……我用心倾听着,时不时给他一些肢体和语言的回应。

待时机成熟,我动情地说:"我和你一样,也很爱小刚,可是小刚近来上课总是精神不好,下课情绪也异常低落,现在为了点小事就和同学乱发脾气,这一段时间成绩也大幅下滑……我非常担心他。听同学说孩子最近黑白颠倒地玩手游,再这样下去身体会垮掉的!"小刚的爸爸听完我发自内心的一席话后非常自责,他希望我能帮帮他,帮帮这个支离破碎的家庭。

根据和他爸爸的深入沟通和多方了解,我短暂地进行了思考。小刚有这样的变化,原因可能有这样几个:一是缺乏父母的关注和关爱,只能在刺激的游戏中寻求慰藉;二是因为父母的离异让他缺乏安全感,导致内心敏感,极易出现愤怒情绪和冲动行为;三是缺少父母的有效监督和引导,让他沉迷手机无心学习。

针对小刚的现状,我建议小刚的爸爸:当天晚上就写一封饱含深情的家书,吐露心声;约法三章,和孩子协商制定手机公约,逐渐减少玩手机的频率;闲暇时间,可根据孩子的兴趣爱好进行发展,或创造条件带领孩子到户外郊游,一来可以减少孩子对电子产品的依赖,二来也可以培养孩子对其他活动的兴趣;每当孩子取得了一点点的进步时,都不要忽略了表扬,甚至能够适当地满足孩子的一些小愿望;与班主任和任课教师保持联系,及时了解孩子的学习和思想动态,多和孩子像朋友一样聊聊天,聆听他的心声,了解孩子的内心感受。

通过跟小刚爸爸推心置腹的交谈,他渐渐意识到自己的问题,并表示愿意配合我的工作,腾出时间好好爱这个孩子。

要走的时候我来到小刚的房间,好好地抱了抱他,然后从包里掏出一本事先准备好的书,封面上写了我对他的祝福和期望,我还告诉他以后每个月我都会为他精心挑选一本书。

初任也智慧——初任班主任的11个第一次

> 出了小屋,天色已晚,坐在公交车上,回忆起刚才的一幕,不禁感慨万千。第二天再见到小刚,他的眼里多了些许的感激和自信,上课也比从前专注了,这一切使我倍感欣慰。
>
> 细细想来,其实小刚的父亲是一位好父亲,他竭尽全力想给小刚更好的物质生活,以为这样就可以弥补离婚对孩子造成的伤害,殊不知小刚真正需要的是生活上的陪伴和情感上的交流,加之他在教育孩子的方法上缺乏耐心和方法,才导致今天不良局面的发生,还好我及时发现,及时介入,再加之小刚父亲自身的反省和配合,才不至于情况越来越糟。
>
> 后来,经过10多次的家庭走访、无数次的微信沟通以及无数次的贴心交流,终于换来了小刚令人惊喜的蜕变,最终他不辜负大家的期望考取了一所非常好的中学,每年教师节的时候,他还会回学校来看看我。

这次较为成功的家访经历,让我们思考如何使用一些行之有效的方法和策略确保家访活动的顺利和有效,从而达到家校协同育人的目的。不论面对什么样的家庭,都要遵守以下几个原则:

原则一:有备而来。"知己知彼,方能百战不殆"。因此,在第一次家访前,老师要想清楚这样几个问题:一是为什么要去家访?此行的目的是要解决什么问题?二是这个孩子现阶段存在哪些问题?目前掌握了哪些信息?三是要通过此次家访向家长了解哪些信息?四是在家访的过程中可以使用哪些方法和策略确保沟通的畅通和有效?最好能把上述问题进行简单罗列并制作成一张"家访记录表",这样有备而来,家访的实效性会更高。

原则二:有褒有贬。曾几何时,家访一度成为"老师向家长告状"的代名词,促使家长反感,学生害怕,导致关系对立,不利于后续工作的开展。在家访过程中对任何一个学生的评价都要一分为二——在家访谈话的开始阶段,最好先以表扬闪光点为主,消除家长和学生的心理障碍,再委婉地指出不足之处,同时给予家长和学生强烈的信心和希望,和他们一起心平气和地分析研究,商讨出相应的措施和解决办法,让家访真正成为学生成长的"加油站",而不是迎接"暴风雨"的前奏曲。

原则三:有谋有略。家访是一门艺术,除了要讲究真诚外,还需讲究一定的方法和策略。首先,家访时需要根据实际情况选择教师、家长、孩子"三方会谈",也可以出于对某种特殊原因的考虑,单独和家长进行互动交流。在谈话时,教师要以诚相待,语气缓和,这样才能更好地缩短与家长之间的心理距离。其次,要给家长或孩子提供表达情感的机会,也给自己争取更多观察和思考的时间。再次,从关心孩子、爱护孩子的角度出发,像家庭成员一样将心比心地与他们交谈,有针对性地给予家长一些合理化建议,从而唤起家长的教育责任心和胜任力,让每一位家长从"被教育者"走向"教育者",把他们变成我们教育路上的同路人。

原则四:有始有终。德育工作是一项长期、复杂、艰巨的系统工程,并不是一次家访就能解决的,我们还需要以每次沟通为起点,继续做好后续跟踪和指导服务工作,并通过各种途径与家长建立长期的合作关系,最终达到家校教育同向同行、同频共振的喜人局面。

 老师说

统一战线,协同育人

家访就是一次次爱的旅行,它以真诚谦和为经,以换位思考为纬,它不拘泥于形式,只在于实际效果。面对形形色色的家庭,教师在家访的过程中

初任也智慧——初任班主任的11个第一次

应该注意"一把钥匙开一把锁",那么上述典型案例有哪些地方值得新手班主任们借鉴?又有哪些地方需要新手班主任们反思呢?让我们一起来探讨。

家访是传统的家校合作的主要形式,是形成教育合力的重要方式,然而,教育是一门富有创造力的工作,针对这种传统的家校合作形式,不同的家访类型采取的家访方式也不尽相同。案例中班主任对防微杜渐性家访该如何展开给出了很好的示范。

班主任需要具有极高的敏感度,关注学生的变化,了解原因,并及时采取措施,进行家访。整个家访的过程完善,体现班主任的用心和专业性。

一是,选择最佳时机预约前往。在学生遭遇变故,需要关心、需要及时沟通的情况下前往,帮助学生重拾自我,防微杜渐。另一方面,不打扰家长的日常生活,且能让家长预留充足的时间进行沟通,避免草草结束,达不到预期效果。

二是,做好预案,有目标,有策略,有指导。家访之前班主任真的是有备而来,在与家长沟通时能够立刻对学生平时的优点细数出来,立马转变了家长的不安,也让家访开始得很顺利,打破家长的心理防线。在与家长沟通后能立刻针对学生出现的问题及时给出分析,这不仅需要充足的准备,也体现班主任的专业能力,迅速给出指导策略才能真正让家访发挥实效。

三是,不同家长,不同的谋略。案例中学生父亲,忙于生计,对孩子的学习放任不管,对这位家长,班主任一方面予以理解,并表明自己对学生的关心,与家长形成"统一阵线";另一方面启发家长认识到自己那样的教育方式的危险性,转变家长的认知,家访工作才能得以继续。

四是,进行后续助力。教育不是一蹴而就的,学生的问题不可能一下解决,因此班主任关注到了后续的追踪,直至学生情况改善。

总之,这个案例给我最大启发就是,当你觉得你的意见和观点很有利时,就要毫不顾忌地讲出来,和家长谈话没有绝对的标准,合适的就是最好的,不要想着教育别人,要与家长形成"统一战线",才能实现家访的目的。

——张静静老师

家庭是孩子的第一所学校,父母是孩子的第一任老师,家庭环境对儿童具有潜移默化的作用。案例中父母的离异对孩子造成了巨大的伤害,如果不及时介入和引导,很容易使孩子出现更加严重的性格缺陷和心理问题,并对其今后个性的形成及终身发展造成严重的负面影响。

案例中班主任有一颗敏感的心。他及时发现小刚在性格和学习等方面的不良变化后及时了解情况,深入家庭内部,剖析问题根源,携手家校共育,积极帮助小刚重拾自信,走出阴霾。

案例中班主任是一个"智慧型"教师。家访中,他没有直击问题,而是先列举孩子在学校一系列的"闪光点",让家长和孩子慢慢卸下心理包袱。继而话锋一转,以一个"贴心人"的身份,从关心孩子身心健康的角度出发委婉引出孩子身上的"症结",激发家长的"行动力"和"反思力",并结合问题成因,献计献策,让家长有路可寻,有法可依。

案例中老师是用心在做教育。面对这样一个支离破碎的家庭,面对这样一颗脆弱敏感的心灵,面对每天纷繁复杂的琐事,他选择一次次的用心关爱和真情陪伴,最终为"折翼的天使"插上追梦的翅膀。

——王虎老师

一切教育都必须以学生的发展为根本,家访是学校教育的必要补充,是实现家长和教师思想融合、密切联系、意见趋同的重要桥梁,是有效实现家校共育的重要手段,自然也必须立足于学生的发展为根本,而非为反映问题甚至"告状"而家访。案例中老师的家访始终以尊重学生、唤醒学生的发展潜能为目的,与家长的交流始终是建设性的、发展性的谈话。对待学生做到了真正的尊重、理解、热爱,善于挖掘孩子的闪光点,善于发挥积极因素、克服消极因素,善于多元化的评价学生,努力去激发孩子内在的自我发展动力,取得了良好的效果。

教师和家长在学生教育上是共同体,是联盟,地位始终是平等的,教师家访一定是对家访的目的、家访的内容和家访的礼仪进行充分的准备且征得家长同意后才进行的,而绝非随意攀谈式家访,更绝非突击检查式家访。家访中也切勿把学生的问题归咎于家长,切勿对家长冷言冷语、批评指责,一定是充分理解之上的共商式家访以及有着多项后续跟进行动的问题解决式家访。案例中老师的家访做到了充分的准备和对家长的尊重,善于倾听,善于共情,善于协商,更加重要的是善于追踪式地进行多种后续行动。最后,我们终于迎来了学生的蜕变,是一次成功的教育行动。

——孔令根老师

 家长说

新型家访有趣又有效

目前,新型社交方式层出不穷,电话、微信、QQ沟通逐渐取代了传统的面对面家访而成为家校联系的主要方式。那么,常规的家访手段到底还有没有必要性?让我们一起来聆听几位家长的现身说法。

家访是联系学校、家庭的桥梁,是老师了解一个学生家庭环境和背景的最好途径,是把握学生个性特征和学习动态的主要渠道。它在教育教学工作中有着举足轻重的作用,不可小视,更不能忽视。

老师往往放弃节假日和下班休息时间走访一个个家庭,其爱心和责任心非常令我们感动。作为家长,我们也可以就孩子在家的情况当着孩子面与老师沟通,其效果远比我们对着孩子说上几百遍效果要好得多。但是从多方考虑,我比较推崇弹性家访这一模式:学校可以每学期发一张家访情况调查单,每个家庭根据实际情况,自由选择沟通的方式(是上门家访还是电话沟通抑或是家长来学校……），这样选择空间大，操作也较灵活，还更人性化。一来是从老师的健康角度出发，有利于教师减轻负担，否则全班五十多名同学，老师一个一个家访身体也吃不消；二来从我们家长工作的角度考量，老师有时候约定时间，但是因为这样或那样的突发情况，总是不能如约而至，我们心里也十分过意不去；三来从孩子自身的角度考虑，孩子大了有自己的主见了，听听他们更愿意选择哪种方式让老师与我们沟通。

——葛春成爸爸

我是一位三年级学生的家长，学校每学期都会开展家访活动，我觉得这样的活动很有意义。老师家访活动特别有利于老师了解学生的生活环境以及学生在家的学习状态。就拿这学期的家访来说，班主任老师了解我家孩子在家写作业有拖拉的习惯，及时给予了我一些可操作的建议，如设定时间、任务奖励等，同时表示其也会在学校里做好监督工作。我儿子在一旁也听得非常认真，表示愿意下定决心改掉这个坏习惯。这样三方配合，劲往一处使，家访过后的这两个星期我明显感觉孩子作业拖拉的习惯有所改善。我非常喜欢也非常赞成这样面对面与老师沟通的传统方式。

——陈禹同妈妈

家访作为连接学校和家庭的重要纽带，增进家校关系和师生关系的重要桥梁，我认为是十分必要的，它不是"隔空喊话"所能替代的。老师和家长只有面对面，才能心贴心。坐下来促膝长谈，才能把问题谈实谈透，把思想谈深谈通，增进共识，形成合力。

入户家访不同于请家长到学校，可以让家长和老师双方放下思想顾虑，像唠家常一样谈谈孩子的学习、生活。同时，老师专程登门，可以让家长感受到学校和教师的重视，所获得的温暖和感动是电话和网络无法比拟的，更能激发家长的责任感和信任感，主动配合支持学校工作。同时，家访可以让老师了解到学生的家庭生活环境、父母脾气秉性、日常处事方式等，从而让老师加深对孩子的了解,有针对性的因材施教。

当下生活节奏紧张,班级学生众多,我认为家访方式上可以灵活多变。例如,学校可以发放家访情况调查单,让每个家庭根据自己的实际情况,自由选择沟通方式(入户家访或是在线沟通)和约定沟通时间,这样一是可以减轻老师的工作压力,二是可以提高家访的质量和效率。

通过家访面对面与老师的交流,对学生是一种激励,对家长更是一种触动,有利于培养教育共同体,达成教育共识,帮助孩子成长。

——童康轩爸爸

 专家说

成功的家访需要爱与智慧

信息时代手机、网络的普及给人们的生活带来便捷,学校教育的传统方式——家访逐渐被电话、短信、微信、QQ等交流方式所替代,似乎淡出了老师们的日常工作。但隔空对话终究无法替代一场面对面的促膝谈心,教育亦需要对学生的全面了解,需要家校的真诚携手。

为重拾家访这一传统的教育方式,多地教育主管部门出台文件推动家访的展开,却也发现传统的家访遇上了新时代的尴尬:有些家长不愿外人进入私人空间,婉拒老师上门;有些家长恶意揣度老师上门意图,发起送礼攻势……拒绝与误解又一次冲击老师们的家访热情。

但仍有不少老师坚守"传统家访"这方教育领地,案例中老师便是其中的一位。家访已然成为其教育自觉,其认定家访对于家校关系的融洽,对于孩子的成长有着重要的意义,并在一次次实践中让家访发挥了举足轻重的作用。

成功的家访源于老师真诚的爱。家访作为一种教育方式,如果只是学校的一种要求,成为教师一次被动的任务,它的育人功能则会大大减弱。案例中老师对小刚的家访则是源于自己的教育敏感,源于对学生的责任与关爱。在与屡屡犯错的小刚谈话时,老师发现当提及母亲时,小刚的委屈便瞬间化作泪水,老师意识到不了解情况的说教可能会是一种伤害,于是萌发家访的想法,想深入了解孩子情况,找出孩子问题行为的根源,寻求教育引领的最佳路径。事实也证实,此次家访对小刚后期的转变与成长发挥了关键的作用。

成功的家访蕴含老师沟通的智慧。家访也是一项技术活,讲究沟通的艺术。案例中老师家访时首先细数小刚的优点,让家长感受到老师的家访是真正关心孩子,而非上门找麻烦,拉近了与家长的心理距离。在取得家长的信任后,才避开孩子与家长谈孩子目前的问题,并真诚且专业地帮助家长分析问题形成的原因,再对亲子关系、家庭教育提出合理的建议。家长在推心置腹的交谈中体味到老师对孩子的关爱,感受到老师的良苦用心,也更愿意接纳老师的建议,与老师形成教育的合力。

成功的家访还需要老师的坚持不懈。教育是一个慢的过程,家长教育认知的转变、孩子行为习惯的纠偏都需要一个较长的过程。难能可贵的是,案例中老师凭借爱心、耐心与恒心,先后坚持了十多次的家庭走访,并辅以无数次的网络沟通与交流,最终换来小刚令人惊喜的蜕变。

"教育是一棵树摇动另一棵树,一朵云推动另一朵云,一个灵魂唤醒另一个灵魂"。成功的家访亦要老师以积极主动的姿态,用心用情感动家长,为家校共育搭建沟通的桥梁,融洽家校关系,推进沟通理解,合力促进孩子的健康成长。

——丁正梅[①]

---

① 江苏省苏州中学附属苏州湾学校小学部校长。

初任也智慧——初任班主任的 11 个第一次

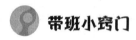 带班小窍门

关于家访的二三事

家访是一种方式,目的是使教师充分了解学生家庭教育和成长环境,从而对学生身心发展给予合适的引导。家访首先作为一种开学初认识学生的途径——全方位地了解学生个人和家庭;也可以在学期中段反馈——反馈和交流家校情况;最后在升学时进行家访——围绕升学(小六、初三、高三)问题进行家访。

家访形式有:

一是实地家访:(优点)全方位了解学生和家庭;(缺点)时间成本高。

二是学校约谈:(优点)教师主场准备充足;(缺点)对学生家庭关系了解不足。

三是电话家访:(优点)时间可控,方便做笔记;(缺点)对家庭关系了解不充分。

四是问卷星家访:(优点)能够较好地记录,方便信息化;(缺点)缺乏沟通,难以了解家人性格和家庭背景。

家访内容是:

一是了解学生:让孩子自己做自我介绍——了解学生的性格、表达能力等。

二是了解孩子学习:上一个学段的学习情况怎样?喜欢什么学科?是否存在偏科情况?参与课外补习班情况如何?

三是了解孩子课外兴趣:孩子有没有什么兴趣特长?喜欢什么样的运动?怎么样安排假期?

四是了解孩子交友、交际:现在的班级玩的最好的朋友是谁?为什么和

他是最好的朋友？班里有没有以前的同学和朋友？

五是了解孩子对班级的想法：最希望我们班是一个什么样的班级？为了让我们班成为这样的班级，你觉得结合你的特长你愿意在什么方面做出努力？你愿意在班级里成为哪个班级委员？

六是了解孩子的梦想和未来：你希望以后成为一个什么样的人？那么在小学（初中、高中）这几年中你的目标是什么？你觉得你要如何实现这个目标？

七是了解家庭：①了解孩子在家情况——孩子的身体有无特殊情况？在家里是否有做家务的意识？自理能力如何？②了解家长基本信息——籍贯、单位、工作时间（是否有时间陪孩子？）。是否在外地工作？是否愿意担任家委会委员？愿意担任哪一方面的家委会委员？③了解家庭关系——家庭组成情况（关注单亲家庭和复杂情况家庭，一定要问清楚）。孩子在家更听谁的话？谁陪孩子的时间更多？谁来监督和辅导孩子的学习？④了解家长的期待——家长对学校工作和班级建设的意见和建议是什么？了解家长对孩子的期待是什么？

家访详细流程如下：

1. 家访前的准备

家访前要做充分的准备。家访也是德育课程的一部分，教师家访要先备课、设计，再实施。

一是认真备课。教师需要根据学生的个体情况，精心设计个性化的家访内容、方式，保持教育的针对性和实效性。

二是收集资料。根据每次家访的目的，准备好学生的基本资料，包括学生课上听课、作业完成、参与学校各项活动、学业成绩、和同学相处等日常表现情况，以及存在的问题等。同时，注意信息来源的渠道多样化，除了班主任自身的了解，还可以从科任老师、同学处全面掌握该同学近阶段的表现。

三是想象训练。借助积极的想象训练,设想家访时可能会遇到的问题以及解决问题的方法。

2. 家访时的注意事项

一是提前沟通。确定需要家访后,教师需要和家长提前约好时间,联系方式可以是教师直接联系家长,或者通过学生联系。其中,通过学生联系可以让学生深度参与,让学生放心,老师并不是告状,没有背着学生约家长。

二是认真倾听。教师需要做一名好听众,认真倾听学生、家长的表达,不随意打断对方。

三是多元评价。教师在交谈时要多元化评价学生,不要将家访变为"批斗会"。先肯定其优点,再诚恳指出其缺点。

四是认真倾听。教师需要似一名好听众,认真倾听学生、家长的表达,不随意打断对方。

五是家庭教育。教师家访的目的不应只停留在学生情况反馈上,还应指导家长开展家庭教育,引导家长树立正确的教育理念,指导科学的教育方法。

六是注意服装仪表,不留下吃饭,不收受礼物。

3. 家访后的整理和记录要求

一是建立档案。给每个学生的家庭建立"成长跟踪档案",将家访过程中收集到的有效信息及时做好记录。

二是经验总结。根据家访后学生和家长的表现,反思家访时所涉及的问题有没有得到有效解决。如果家访效果有正面的体现,教师就可以做出正面的经验总结;如果家访效果不明显,教师需要反思指导家长的方法是否恰当,有没有更合适的方法,以便下次家访中进行调整。

三是搭建平台。家访后,学校可组织教师举行经验分享会,互相借鉴学习,促进教师队伍专业化成长。

 **我的思考**

吃了"闭门羹",咋办?

当天晚上,蔡老师在自己的带班手册上这样写道:

<u>家访,是打开学生心灵的钥匙;家访,是联系学校与家庭的纽带。其实在互联网时代,信息畅通无阻,与家长之间的沟通联系不仅仅局限于口头传播、文字传播。作为班主任,也要利用这些信息技术,巧妙地运用到工作中。未来,我可以举办线上家访等形式,家校联系齐助力。</u>

本专题所讨论的第一次家访,通过案例的讲述、师生的讨论、专家的点拨和带班小窍门,您是否有一些启发与建议呢?

_____

_____

_____

第一次写评语

有一位老师问蔡老师：今天，你"评多多"了吗？"评多多"？原来是要给学生写评语了。这不，又要开始写评语了。班主任们开始使出浑身招数，投入了"评多多"浪潮，希望能够让个性化的评价能够暖到家长，激励孩子的成长。说到个性化评语，班上四十多个人，真的有些难，要怎么写评语啊？都词穷了。

同学A："每年老师都会说一些好话，我妈根本不相信她儿子有老师说的那么好！"

同学B："对啊对啊，老师不都是说一大堆优点，说一点点缺点，最后再希望我能进步。"

同学C："你们知道吗，老师给我的评语，上学期和下学期的评语是一样的。哈哈哈哈哈！"

老师A："我也想认认真真地给每个孩子写属于他们的

评语,可是一到期末事情就会很多。"

家长A:"真的是难为老师了,我家小子啥样我清楚得很,但是老师都能把他夸出一朵花来。虽然知道孩子有很多缺点,但是也希望他能够按照老师对他的要求不断进步。"

为学生写评语有很多奥秘。特级教师张万祥说过,评语不是简单的文字堆砌,不是用套话涂抹出的总结,而是以心灵为纸、情感为墨、爱心为笔抒写的心灵名片。每个学生都是独一无二的,"积极向上、热情大方、聪明伶俐"等类似的概括性语言看似宏大,实则干瘪。那要怎么写评语呢?

 成长案例

"说"好落在笔尖的心里话[①]

卜同学是班级的班长,是个女孩,在各方面都做得很好,但在八年级第一次月考中出现了的明显退步。一天中午,几位学生在教室分析考试失利的原因,我听到她与同学对话:"我这人比较佛系……"从那时起我便发觉她在学习上开始满足于现状,不颓废,但也不积极。于是,我便抓住了对话中的"佛系"一词作为给她写评语的关键词,写道:"佛系,不是安于现状,不是止步不前,而是一种淡然,更是

[①] 由南京一中明发滨江分校仝磊老师撰写。

一种沉着冷静。与世无争是因为最难的莫过于超越自己,老师相信,你一定能克服困难,超越自己。"拿到笔记后,她主动与我讨论评语的内容,惊讶地说:"老师,你说得太对了!我要改正过来。"这件事之后,她在学习和班级管理上积极了很多。

黄同学与魏同学两位小姑娘开朗、阳光,但我发现在最近做试题的过程中她们总是粗心大意,便写道:"乐观、自信,被你感染。落笔时再多些沉静和深情吧。""灿烂的笑,感染着我;低级的错误,令我忧伤。姑娘啊,认真点哈。"男生吴同学活泼热心,我觉察他特别贪玩,已经严重影响了学习,便留言道:"帅气如你,阳光如你,坚韧如你;努力不如你,还需诚勉。"女生韩同学的笔记很工整绚丽,而且她对待学习也很认真,但在第一次期初检测中并没能取得优异的成绩,于是我写道:"靓丽的色彩怎能只让它涂抹在册子上呢?期待你绽放。"

我与喻同学的故事有一些意外。她活泼外向,是所有老师眼里的阳光善良的好学生,与她相识是因为开学第一周的"群体作业抄袭"事件,那时候我严厉批评了她们几句,而她却哭得稀里哗啦,并向我真诚地鞠躬道歉。我意识到这个学生虽然在学习上并不突出,但却有一颗善良的心,她需要更多的引导和鼓励。于是,我在她作业中写下了这样一段话:"如果上帝赐予你一双翅膀,那你一定要展翅翱翔,即便在最开始总是踉跄,我也期待抬头能看见你灿烂的面庞。"慢慢地,可见的进步在她身上发生了,尽管在学习成绩方面还不是很突出,但却总是积极乐观、充满力量。

如果上述的评语更多的是为了唤起学生情感的共鸣,表达老师的某种期许,那么评语的另外一种意义可以是引发他们的思考,引导他们省思自己。比如我的课代表经同学在期初测验中考得不好,她在

> 总结中写道:"我考得十分糟糕,差到连卜佳华的车尾灯都看不到了。我也很想进步,想一鸣惊人……"既为了安慰、鼓励她,也为了引导她进一步反思自身,我回应道:"在你的留言中,我看到'车尾灯'这三个字的时候被逗笑了,可我并不赞同你的说法,你只是在这次考试中落后了他们很多,既然你看到了比你成绩优秀的同学,何不'见贤思齐',看看他们是如何做到的?老师随时期待你来与我分享收获!"

写评语容易,写好评语,引起学生情感的共鸣不易,何况想让它成为与学生们深情的独白,更不易。这不仅需要花费更多的时间与他们在一起,去关注和感知他们,还要求班主任不断提升语言表达的艺术性和丰富性。同时,是学生给予班主任的成长。正是因为这样,每一句评语都是关于"我们"的故事,也都将成为"我们"专属的故事。一次有意义的评语的书写,它之所以能够引发学生们情感的共鸣,成为班主任与学生们专属的故事,主要得益于以下四个方面:

第一,评语的关键词句源于日常不经意的对话。评语由一个个词句组合而成,令教师最为难的往往不是写评语花费的时间,而是评语的内容到底要写些什么。评语要既能做到彰显学生的个性化,又能让教师迅速地找到书写的抓手。如果教师在书写某位学生评语的时候,能快速准确地找到一个合适的关键词,围绕这个关键词展开内容,那么既能提升评语的效果,又能大大提高教师的效率。因为,教师一旦明确评语的关键词就像舵手找到了停船的锚,评语的书写会流畅地展开,而日常生活中师生间不经意的对话内容是评语关键词的重要源泉。

第二,评语的情感呈现源于日常对学生的关注和知觉。没有情感的评语犹如缺少灵魂的躯壳,在学生那里只会变成堆砌的文字,而无法引起他们情感的共鸣。如果评语无法唤起学生的情感共鸣，那么，教师想借此达成的诸多目标都将无法实现。而评语的情感从不是牵强附会就能得来的，它依托于教师的深情与关怀，源于教师日常生活中对学生的关注和知觉，这种关注与知觉已经让学生在日常生活中感受到教师的爱与期待，那么，如此写评语便成了水到渠成的事。

第三，评语的主旨是先描摹学生的本真状态，然后才表示鼓励与期许。鼓励和期许是教师评语中最为普遍的主旨，诸如"加油！""最棒的！""你可以！""看好你！"等，常常作为评语的内容，但类似表达鼓励与期待的话语能发挥多大作用是需要怀疑的，用学生的话来说就是"老师，你写得好官方"。为了避免官方性话语的无力，也为了更好地发挥评语的作用，教师在书写评语时可以从描摹学生当下的本真状态出发，然后才表示鼓励与期许。

第四，让评语既成为深情的独白，也成为思维碰撞的起点。教师要努力为学生营造一个安全舒适的物理空间和心理空间，允许、鼓励学生大胆地通过文字表达自己，内容既可以是日常学生生活中的难题，也可以是考试的经验总结等等。学生自由的表达为教师与之思维的碰撞提供得天独厚的条件，当教师落在笔尖的心里话是对学生诉求进行针对性的回应时，这样的评语就能直指人心。

 老师说

评语是写给学生的"情书"

看到此案例，对一些观点很有共鸣。记得有一次一个学生用六个印章换取"情书"，还特别嘱咐我："我要不一样的哟。"我也非常自信地对她说："放心，我的每一份'情书'都是独一无二的。"从孩子对我说的这句话可以看出，孩子们想要的评价是特别的。同时也还提到，有时候老师们总喜欢用笼统的加油呀，很棒呀，来鼓励学生，我也认为这样的鼓励几乎没有太多的效果，对孩子的评价具体到某个行为，可能会更打动学生。这学期，我也是第一次尝试写"情书"，写"情书"的确让我看到了文字的力量，借助于"情书"，我改变了两个经常不写作业的女生。在日常教学中，能够用评语代替等级，我觉得这是一种非常有温度，也会非常有效的教学手段。

——侯桃梅老师

能从字里行间看出这位老师饱满的激情、对班主任工作的认真思考和高度的责任感。对于评语的反思也精准到位，如借助"关键词"把握学生的独特性、评语有温度有方向、具有一定客观性等，这些方面是班主任写的评语核心内容，也是把评价的激励作用发挥到实处的重要抓手，是一名教师专业反思能力的体现。福勒和布朗根据教师的需要和不同时期所关注的焦点问题，把教师的成长划分为三个阶段，新手教师处于"关注生存"阶段，他们非常关注自己的生存适应性。该教师期望借助评语引发"师生共鸣"便是该阶段的显著特点。评语落笔的初衷是学生的全面发展，"多把尺子衡量，就多了一批好学生"。班主任通过对学生深刻了解和综合观察，借助评语点明发展不足、灌注前进动力、挖掘潜在能量，可以是某一次事件后的"及时叮嘱"，也可以是期末总结中的"评头论足"，它能细致入微，又能高瞻远瞩，而不仅仅在于唤起"共鸣"。另外，该教师写评语还需进一步增强针对性，如文中"低级的错误，令我忧伤""努力不如你，还需诚勉"指向并不明确，需进一步具体表达，可改为"严谨的方程式却搭配错误的得数，令我惋惜""可上课缺席消磨了帅气，作业缺题遮挡了阳光，交头接耳消解了坚韧，贪玩啃食着优秀，你是否已经觉察？"从客观、真实的角度看，这为评语指向具体提供了一种良好的交流和反馈。

——李云竹老师

 学生说

我们期待老师的评语

老师给我的评语，我都会认真地看，反复地读。

——陈同学

在这一学期，我们写了许多对于自己的心得、感悟、反思，还有自己的学习目标与计划，我们都很认真地对待，在我们写完之后老师们也知道我们的努力和想要学好的心，所以也会常常给我们做一些相对应的批注。老师给我们做批注其实可以说是特别特别用心的，也很认真。每次看老师的评语我都会一遍又一遍地看，进行反思与思考。有时候，我会闲来无事，拿出笔记本看看老师的评语，都会情不自禁地笑起来，大概是因为老师评语的风格与众不同吧（大部分是字词十分幽默）。因为有些老师一般就会写"好""good"，有些老师的字写得潦草，许多同学会因为字而苦恼，因为自己认认真真写的作业想老师在自己作业本上写个夸自己的话语，但就是因为老师们字太过于潦草，就会伤心好久，不知道是表扬的话语还是批评的话语，就会感到很纠结。关于这位老师的评语，我觉得还可以再改进改进，比如在写评语的时候给同学们分享你在我们这个年纪的时候是怎么学习的和一些相关的学习经验，如果内容详细点的话就更好了。

——魏同学

我觉得这些评语很有针对性，老师指出我们存在的问题让我们意识到，然后去改正。有些时候也会起到激励作用，对我们有所帮助。其他老师基本不怎么写评语，所以我觉得这位老师写的评语很好。

——宋同学

专家说

笔下的字，心上的桥

初读这个案例首先想到的是"见字如面"一词。虽然师生可能天天见面，但并不一定有时间进行交心的沟通，通过作业评语来与学生交流就成为一种别具一格的方式。从开始评语"批量化生产"到后面的"私人订制"，这个案例向我们揭示出的其实是比评语本身更深刻的命题，如何与学生进行有效沟通？"笔下的字"要成为"心上的桥"才更加具有德育实践的价值。根据上述案例，我们不禁想到以下几个值得思考的问题。

首先，与面对面沟通相比，为什么有时文字的交流更加有效？

这是一个见仁见智的问题。面对面的时候，学生容易感受到来自老师的压力，面对老师提出的一些问题也没有足够思考的时间。这时，笔谈就呈现出了一定的优势。这种优势其一在于它过滤掉了临场造成紧张的一系列因素，面对文字的压力比面对老师本人要小很多。其二，文字有一定的沉淀作用。语言也许更加快速直接，但手写文字的过程中其实我们经历了又一轮思考，落诸笔尖后的文字通常是字斟句酌的，因此更加具有思维的价值。其三，"私人订制"的文字给学生带来了新鲜感。在信息时代，手书比较少见，尤其是看到老师亲自写给自己的一段文字时，学生将倍感亲切，反复诵读后也更加容易接受老师给予的关怀和鼓励。

其次，如何将文字交流的效果最大化？

正如案例中所提及的，实际沟通的效果其实取决于对学生平时的细致观察，在恰当的时机提出适当的建议才易于被接受。所以，我们不妨这样理解，文字只是架设心桥的工具，桥的地基依旧根植于师生的互相理解，尤其是真诚的交流。虽然案例中没有特别提及，但可以推测出案例中的老师一定和学生在平时也保持着良好的沟通和交流,有一定的熟人效应,不然后续的文字交流就会变成"一封陌生人的来信",不能受到学生的重视甚至是珍视了。此外,文字交流中的文字也十分重要。与口语不同,书面化的语言有时候会让学生感觉是"打官腔",或者是日常鼓励,必须既精练又言之有物。如案例所言,只有切中学生所急才能把字写进他们的心坎里。这是一项技术活,需要科学家般的观察,也需要文学家般的抒情。因此,我们也可以在实际操作中考虑把给一个学生的评语和学生的回应作为一个师生交流的记录保留下来。这不仅是对面对面交流的补充,也是期末评语的重要参考资料。有的时候,单独写给某个学生的评语未必受到学生的重视,但有的学生却需要类似的鼓励,我们却没能及时发现。针对这种情况,我们可以针对共性的问题每日或者每周写一两条评语,手抄后放在黑板报上,鼓励学生不记名回应。这样,所有同学都能看到交流的过程,也进一步扩大了评语的效应。

最后,如何采取其他方式克服面对面交流的弊端?

很多老师想不通为什么传统的面对面谈话反而效果不佳。经过调查,不少学生反映在面谈时,老师常常是满面笑容,说的却是通话套话。这种情况并不鲜见,造成这种情况的原因是有的老师还没有充分意识到无论什么方式的交流老师其实都是需要"备课"的。这种"备课"包括了交流的内容、交流的形式以及交流的预期目标。有时候,我们常常不假思索地对学生说出一段话。其实这段话并没有经过缜密的思考,所以交流效果并不理想,被学生归结为"假大空"也就不足为奇了。其实,文字交流并没有跳过"备课"的过程,只是在构思文字时就不知不觉地进行了这个流程。让我们复盘一下文字交流的场景——我们在写文字时总是先想后写,或者边想边写,这个想就是"备课"的过程。由此看来,交流话语不在多,而在于精,在于切中要点。而在"备课"前还有一个长期接触和观察的过程,即上文提到的桥的"地基"要夯实。

让我们回归到案例的标题,我们可以把它理解为用评语的形式和学生聊聊心里话或者让文字交流成为师生沟通的有效途径。这个途径并非创想,甚至可以说是回归传统交流方式的一种尝试,但其有效性是值得挖掘的,我想我们可以从如下几个方面来加强其有效性。

第一,变革本子促交流。在实际工作中,我们不要忽视小小作业本,其实也能推动与学生的交流。比如采用折半法,一半学生书写,一半留给老师点评,这就从视觉的角度体现了师生交流的平等性。我们还可以采取活页作业本,这样便于整理师生交流的内容,对每次交流进行有机地组合并保存。设置专门的师生沟通本也是一个比较好的方法,但因为这有可能增加学生额外的作业压力,所以要根据学生的实际情况确定是否用沟通本进行交流。无论本子的形式如何变化,有一点必须肯定,要给师生留出交流的空间,让老师方便写,让学生乐于应和,让交流成为一种学校生活的常态。

第二,观察入微抓契机。同样的文字在不同的时间节点所起的效果是不同的,所以在常规的文字交流的同时我们也应当抓住特殊的交流契机。比如学生取得成绩时,学生遭遇挫折时,学生迷茫困惑时等,每当捕捉到学生的这些节点时,我们就适时地给予鼓励或点拨。其实,这里发挥了关注效应,如果学生一直能够感受到老师对自己的关注和期许,那他就更容易接受老师的指导和勉励,在实践中也能够激发出他的主观能动性。值得注意的是,我们还要把握好交流的频率,过于频繁会让学生觉得疲惫,长期不交流又会让学生觉得被忽视了。所以,常规的每周一次可以固定,其他就要抓住交流机会了,一般而言考试前后或者活动前后是比较易于捕捉的时机。

第三,从心出发拨心弦。如上文所言,无论何种交流方式,面对面、文字、电话、微信都只是工具或者手段,老师对每个学生的特别的关爱才是无可替代的主题。因此,比笔尖更加重要的是心里话,这是交流的意义所在。案例中的学生有回应、有感动、有提高正是因为他们感受到了来自班主任的那份关爱。所以,班主任的一言一行其实都对学生产生着潜移默化的影响,我们应当始终把学生当作成长中的个体来关爱,宽容地接纳他们的差异性,鼓励他们取得的每一点进步,引导他们提高自己、成为自己。这个案例提供了走近学生一种途径,我们在实践中也可以积极尝试其他途径,有心拨动心弦岂囿于器乎?

——顾青[1]

带班小窍门

五招让评语"新"起来

招式一:贺卡评语,充满年味

邀约科任老师和同学们合影,所有的老师簇拥在孩子周围,微笑瞬间被定格。再做成贺卡,打开贺卡,粉红的信笺内页一侧贴着这张孩子和所有科任老师的合影,另一侧则写着班主任充满祝福和期待的评语。例如:"姣姣:一想起你,我马上就想起跳跃在课堂上的那两条小辫子,你整天唧唧喳喳的,活跃得很;一想起你,就想起你是个做事积极热心的姑娘;一想起你,就非常满意你的课堂表现,你思维敏捷,心细神聚。希望你能利用假期徜徉书海,继续探索瑰丽的文学世界。"

招式二:三栏式评语,多方激励

三栏式的评语,一栏属于家长,一栏属于老师,一栏属于要好的小伙伴。老师让出三分之二的空间给家长和同学,让评语不再是班主任老师的一言堂,成为多方对学生的激励性评价。"家长评"由爸爸妈妈商讨填写,"朋友评"由自己最要好的小伙伴讨论填写,而"老师评"在这个三栏式评语的最

---

[1] 南京外国语学校教师,南京市德育工作带头人。

后,实现对学生的多元评价。

招式三:"处方"式评语,有的放矢

寒暑假前,班主任可以尝试开出一些"处方"式评语,校园学习生活中没有解决的小问题,学生在家庭中常犯的错误,或者家长认为孩子急需解决的习惯问题等,都会被列入"处方"式评语的范围。在这里,班主任不对"病情"做陈述和批评,而是给出具体的解决策略,让家长在即将到来的假期中有据可依,对症下药。

招式四:名人评语,权威认同

班上总是不乏因为各类才艺而获奖的学生。对于在外面获奖的学生,班主任可以尝试挖空心思,为他们邀请一些"名人"来写些评语,对获奖学生充分肯定和鼓励。校长、年级主任、校外杂志社的编辑等都可以成为邀请的对象。获奖学生得到这样一份名人评语,对其专长的促进作用不言而喻。

招式五:电子评语,多种媒体并举

随着时代的发展,很多学校改用了电子评语的方式。如果评语内容不变,只从纸上搬到网上,不过是新瓶装旧酒,节约的不过是领取评语的那份脚力,并不能增添任何欣喜。采用网络时代的新潮语言,加上对多媒体的运用,电子评语才会成为学生期待的对象。借助网络中形态各异的模板制作出来的个性化的电子评语卡,十分符合时代潮流,颇受同学们欢迎。

我的思考

走近学生,写出特色

当天晚上,蔡老师在自己的带班手册上这样写道:

<u>对学生进行评价,不是例行公事,而是班主任的重要的教育责任。班主任首先要了解评价对于学生成长发展的意义,对班级管理的作</u>

用，才能主动地建设班级评价制度。词穷的原因是对孩子们的了解不够深入，如果下学期我能更加积极主动地走近学生，走进学生的心里，也许我能写出真正激励孩子们的评语吧！

　　本专题所讨论的第一次写评语，通过案例的讲述、师生的讨论、专家的点拨和带班小窍门，您是否有一些启发与建议呢？

_____

_____

_____

后　记

这本书从起初的酝酿到今天呈现在大家面前,有两年,两年的时间,说长不长,说短不短,这其中的编写故事和经历,身处其中的我们,真觉得宝贵和有意义。

丛书总主编齐学红教授指导我们确定了 11 个第一次的话题,审阅并指导每一个"第一次"的案例故事的撰写。通过书稿的撰写,我们成为有问题意识、爱思考、想钻研的班主任,成为能叙事的研究者,成为能够用心思考如何育人的教育工作者,成为班主任沙龙的主持者……我们在书稿撰写过程中,反复设计、琢磨、思考……

南京明道学校的尹湘江老师在筹划这本书时做了问卷调查,了解哪些"第一次"对初任班主任来说是重要的,为这本书话题的选择奠定了基础。

作为本书主编,吴申全老师、余莎莎老师共同确定了本书的编写思路,并组织研讨,进行统稿和定稿。

书中案例故事的撰写者们,有的是成熟的班主任,有的是刚走上班主任岗位的年轻老师。虽然年龄不一、班主任年限不一,但他们都怀着激动和热切的心,想要好好撰写故事,想要好好告诉初任班主任们,自己曾经走过的路。确定话题后,他们根据个人经历,选择印象深刻的话题,私人订制式地撰写发生在他们身上的那些真实故事,以期给班主任们更好的启发。他们是:南京一中明发滨江分校的仝磊老师、南京市溧水区状元坊小学的吕燕老师、南京师范大学附属中学新城小学南校区的朱国红老师、南京市莫愁中等专业学校的吴申全老师、金陵华兴实验学校的余莎莎老师、南京市江北新区高新实验小学的张珺老师、南京市五老村小学的金书老师、南京市陶行知小学的陈卉老师、南京理工大学实验小学的陈林林老师、南京师范大学附属中学新城初级中学的胡源老师、南京市江宁区秣陵小学的程晋燕老师。

书中案例故事的研讨者来自大学和中小学,有教授,也有德育专家、德育学科带头人等,不一样的学科背景,但一样真诚,一样对教育热爱,在真实自由的氛围中表达、碰撞观点,这也秉持"随园夜话"班主任沙龙一直以来多元、开放、平等、自由的精神。他们是:南京师范大学教授班华、南京师范大学教授齐学红、南京师范大学教授朱曦、南京市玄武区教育科学研究所原副所长黎鹤龄、南京市秦淮区教师发展中心德育研究员罗京宁、南京市溧水区德育教研员谢玉香、南京市金陵中学实验小学校长何义田、江苏省苏州中学附属苏州湾学校小学部校长丁正梅、南京外国语学校仙林分校燕子矶校区小学部德育主任杨学、南京市致远初级中学德育副校长沈磊、南京外国语学校教师顾青。

我们编写团队的团结合作,让我们想到了木棉花——火红的木棉花,盛开一季绚烂的生命之光。如同鱼儿离不开水,飞鸟依恋天空,木棉花深深依偎着春天。

复旦大学出版社朱建宝编辑为本书的编写贡献了专业的智慧,在此表示感谢。

编者
2023 年 4 月

图书在版编目(CIP)数据

初任也智慧:初任班主任的 11 个第一次/吴申全,余莎莎主编. —上海:复旦大学出版社,
2023.5
(随园班主任小丛书/齐学红总主编)
ISBN 978-7-309-16668-2

Ⅰ.①初… Ⅱ.①吴… ②余… Ⅲ.①中小学-班主任工作-研究 Ⅳ.①G635.16

中国版本图书馆 CIP 数据核字(2022)第 243080 号

初任也智慧:初任班主任的 11 个第一次
吴申全　余莎莎　主编
责任编辑/朱建宝

复旦大学出版社有限公司出版发行
上海市国权路 579 号　邮编:200433
网址:fupnet@fudanpress.com　http://www.fudanpress.com
门市零售:86-21-65102580　团体订购:86-21-65104505
出版部电话:86-21-65642845
浙江临安曙光印务有限公司

开本 787×1092　1/16　印张 10.25　字数 133 千
2023 年 5 月第 1 版
2023 年 5 月第 1 版第 1 次印刷

ISBN 978-7-309-16668-2/G·2458
定价:40.00 元

如有印装质量问题,请向复旦大学出版社有限公司出版部调换。
版权所有　侵权必究